U0959616

HUMANITIES AND SOCIETY

文化生产

媒体与都市艺术

Diana Crane

[美国]戴安娜·克兰 著 赵国新 译

译林出版社

图书在版编目（CIP）数据
文化生产：媒体与都市艺术 /（美）克兰（Crane, D.）著；赵国新译．—南京：译林出版社，2012.6（2020.6重印）
（人文与社会译丛）
书名原文：The Production of Culture: Media and the Urban Arts
ISBN 978-7-5447-2779-2

I.①文… II.①克… ②赵… III.①文化社会学 - 研究 IV.①G05

中国版本图书馆 CIP 数据核字（2012）第 080024 号

The Production of Culture: Media and Urban Arts by Diane Crane
Copyright © 1993 by SAGE Publications Inc.
English language edition published by SAGE Publications Inc.,
A SAGE Publications Company of Thousand Oaks, London, New Delhi,
Singapore and Washington D.C.
Simplified Chinese edition copyright © 2012 by Yilin Press, Ltd
All rights reserved.

著作权合同登记号 图字：10-2017-282 号

文化生产：媒体与都市艺术 ［美国］戴安娜·克兰 / 著 赵国新 / 译

责任编辑 刘 锋 王 蕾
责任印制 单 莉

原文出版 Sage Publications, Inc., 1992
出版发行 译林出版社
地 址 南京市湖南路 1 号 A 楼
邮 箱 yilin@yilin.com
网 址 www.yilin.com
市场热线 025-86633278
排 版 南京展望文化发展有限公司
印 刷 江苏凤凰扬州鑫华印刷有限公司
开 本 880 毫米 ×1230 毫米 1/32
印 张 6.875
插 页 2
版 次 2012 年 6 月第 1 版 2020 年 6 月第 2 次印刷
书 号 ISBN 978-7-5447-2779-2
定 价 49.00 元

版权所有 · 侵权必究
译林版图书若有印装错误可向出版社调换。质量热线：025-83658316

主编的话

刘　东

总算不负几年来的苦心——该为这套书写篇短序了。

此项翻译工程的缘起,先要追溯到自己内心的某些变化。虽说越来越惯于乡间的生活,每天只打一两通电话,但这种离群索居并不意味着,我已修炼到了出家遁世的地步。毋宁说,坚守沉默少语的状态,倒是为了咬定问题不放,而且在当下的世道中,若还有哪路学说能引我出神,就不能只是玄妙得叫人着魔,还要有助于思入所属的社群。如此嘈嘈切切鼓荡难平的心气,或不免受了世事的恶刺激,不过也恰是这道底线,帮我部分摆脱了中西"精神分裂症"——至少我可以倚仗着中国文化的本根,去参验外缘的社会学说了,既然儒学作为一种本真的心向,正是要从对现世生活的终极肯定出发,把人间问题当成全部灵感的源头。

不宁唯是,这种从人文思入社会的诉求,还同国际学界的发展不期相合。擅长把捉非确定性问题的哲学,看来有点走出自我囿闭的低潮,而这又跟它把焦点对准了社会不无关系。现行通则的加速崩解和相互证伪,使得就算今后仍有普适的基准可言,也要有待于更加透辟的思力,正是在文明的此一根基处,批判的事业又有了用武之地。由此就决定了,尽管同在关注世俗的事务与规则,但跟既定框架内的策论不同,真正体现出人文关怀的社会学说,决不会是医头医脚式的小修小补,而必须以激进亢奋的姿态,去怀疑、颠覆和重估全部的价值预设。有意思的是，也许再没有哪个时代，会有这么多书生想要焕发制度智慧，这既凸显了文明的深层危机，又表达了超越的不竭潜力。

于是自然就想到翻译——把这些制度智慧引进汉语世界来。需要说明的是，尽管此类翻译向称严肃的学业，无论编者、译者还是读者，都会因其理论色彩和语言风格而备尝艰涩，但该工程却决非寻常意义上的“纯学术”。此中辩谈的话题和学理，将会贴近我们的伦常日用，渗入我们的表象世界，改铸我们的公民文化，根本不容任何学院人垄断。同样，尽管这些选题大多分量厚重，且多为国外学府指定的必读书，也不必将其标榜为“新经典”。此类方生方成的思想实验，仍要应付尖刻的批判围攻，保持着知识创化时的紧张度，尚没有资格被当成享受保护的“老残遗产”。所以说白了：除非来此对话者早已功力尽失，这里就只有激活思想的马刺。

主持此类工程之烦难，足以让任何聪明人望而却步，大约也惟有愚钝如我者，才会在十年苦熬之余再作冯妇。然则晨钟暮鼓黄卷青灯中，毕竟尚有历代的高僧暗中相伴，他们和我声应气求，不甘心被宿命贬低为人类的亚种，遂把迻译工作当成了日常功课，要以艰难的咀嚼咬穿文化的篱笆。师法着这些先烈，当初酝酿这套丛书时，我曾在哈佛费正清中心放胆讲道：“在作者、编者和读者间初步形成的这种‘良性循环’景象，作为整个社会多元分化进程的缩影，偏巧正跟我们的国运连在一起，如果我们至少眼下尚无理由否认，今后中国历史的主要变因之一，仍然在于大陆知识阶层的一念之中，那么我们就总还有权想像，在孔老夫子的故乡，中华民族其实就靠这么写着读着，而默默修持着自己的心念，而默默挑战着自身的极限！”惟愿认同此道者日众，则华夏一族虽历经劫难，终不致因我辈而沦为文化小国。

一九九九年六月于京郊溪翁庄

目　录

序《文化生产:媒体与都市艺术》①

人类文化活动的复杂性,以及理解它们在现代社会中的角色而获得的重要而深刻的见解,产生了研究这一主题的各种分析方法。文化分析中最难以完成的,然而也是最有必要的一项任务,是描述生产现代流行文化的语境。在本书中,戴安娜·克兰使用了清晰、简洁的语言和事例描述和分析了在文化研究内部构架"文化生产"观点的中心问题。她的主要论点是,我们不可能脱离生产和消费这类文化形式的语境来理解它们。

克兰利用广泛的原始材料和学科,考察一九四五年之后文化生产性质的转变。在二战后这段时期,公众越来越多地参与媒体文化,这主要由于电视的使用日益增多。但是,其他媒体形式——电影、广播、流行音乐、报纸和杂志——在工业结构和(受众)人口统计方面也发生了根本变化。作者也追溯了社会划分类型影响文化消费的日益复杂的方式,以及这一切如何不再与传统的高雅文化和流行文化观念相一致。本书也概述了媒体文化中主要的"意义"阐释理论,这些理论清晰明了,堪称典范,因此本书对教师和学生都很有用。

结尾的几章考察了现代流行文化的特定都市性质,以及精

---

① 《文化生产:媒体与都市艺术》原系《大众文化基础丛书》的第一卷,本文即该丛书主编为其所作的导言,标题为中译本编者另加。——编注

英文化形式和诸如爵士乐、摇滚乐和现场演出的戏剧等非精英文化形式的不同生产风格。最后一章很重要，论述了文化生产日益增加的全球性质，以及为什么这将是未来的流行文化中一种日益重要的因素。令读者印象深刻的，不仅是戴安娜·克兰清晰的表述，还有她为了成功地展开核心的“文化生产”问题，将种类繁多的原始材料浑然综合为一体的做法。

加思·S.乔伊特

前　言

本书意在评述和综合有关媒体文化和艺术的社会组织和阐释的文献。我认为，研究文化产品的社会科学方法的主要目标，应该是发展一些利用媒体的特点解释媒体广泛传播的文化产品性质的理论。媒体是怎样塑造和构架文化的？创造和广泛传播这些产品的广义语境产生了什么样的影响？相比之下，都市环境是如何扶植或约束都市艺术文化的？

本书建立在过去十年文化社会学研究的基础之上，这些研究表明，高雅文化和流行文化的区分是由社会建构而成的，书中讨论了崭新的和更有意义的区分不同种类的录制文化及其受众的方法。尤其需要指出的是，我关注的是文化产品，而不是新闻和信息，这些文化产品要么是（以赛璐璐、磁带或印刷文字形式出现的）批量生产的艺术品，要么是表演或展示给受众或观众的电影、电视、文学、戏剧、音乐和造型艺术。本书是建立在以下基本前提基础上的：理解录制文化不能脱离生产和消费它们的语境。由于篇幅所限，我将注意力限定在战后时期（1945—1990）媒体和其他类型的录制文化在美国社会中的角色上。

一门文化产品社会学必须是兼收并蓄的，广泛利用来自于各个专业和学科的材料，这些材料大部分来源于界限日益模糊的社会学之外，而不是源于其中。本书引用的原始材料除了来自于流行文化和艺术社会学之外，还来自于传播学、文学批评、电影研究、美国文明、经济学和艺术批评等领域的书籍和文章。

书中各章建立在我过去十年在宾夕法尼亚大学所教授的流行文化社会学和艺术社会学课程基础之上。感谢我的学生们对我的课程的反应,无论是肯定的还是否定的,这些反应都促使我吸收新材料,激发我提炼和澄清自己的思想。

第一章　导　论

在很长一段时间里，社会科学家们诋毁或干脆不理会媒体娱乐成了一件时髦的事情。以否定的眼光看待媒体工业产品的社会科学家们称这些产品为大众文化，并且预言它们在总体上会对受众和一般社会关系产生可怕的影响。大多数社会学理论一般都将文化降低为一个从属的、无足轻重的角色，当做结构上的可变因素产生的后果或结果。近年来，媒体文化逐渐受到比较年轻一代的社会科学家的青睐。在一些新近的社会学理论中，文化，尤其是媒体文化，已经成为一个重要角色，影响了当代社会生活的方方面面(Denzin，1986)①。

在本书中，我将关注媒体娱乐是怎样随着生产和消费状况的不同而变化的。它表达的是哪些种类的意义和意识形态？这些种类的意义和意识形态是怎样随着时代变化而发生变化的？怎样才能够描述媒体文化受众的特征？媒体文化如何不同于非工业背景下产生的其他形式的录制文化？

过去，大多数对录制文化的讨论区分出精英文化和大众传播文化。这些讨论认为，这两种文化形式表现了不同类型的价值，代表不同的审美标准(Bensman & Gerver，1958；Gans，

---

① 本书参考文献采用的是夹注格式，所引征的作者及其作品中译名请参阅后面的《参考文献》。——编注

1974)。受到不同社会阶级的成员消费，每一个阶级的声誉从“高雅”文化和“流行”文化之间存在明显分离这个角度看，都附属于它的文化(Angus and Jhally,1989;DiMaggio,1982)。

时至今日，这种从阶级文化角度看待文化消费的观点依然是文献中一个占主导地位的主题。例如甘斯(Gans,1974)认为，每一个社会阶级都构成一个具有与其他阶级不同趣味的公众，其成员对于文化内容会做出相似选择，并且对文化内容具有相似的价值取向或偏好(preference)，尽管在这些群体内部会因地域、宗教、世代以及族群等因素而产生某种差别。布迪厄(Bourdieu,1984)也认为文化偏好是由阶级背景决定的。他认为，文化知识或文化“资本”是强化和提高社会阶级地位的一种手段。

大众文化的性质以及对自身的消费者的影响一直是社会科学家们争论的主题。最先批判大众文化的是二十世纪三十年代德国法兰克福学派的社会学家们(Bottomore,1984)。第二次世界大战爆发使这个学派的一些成员移居美国，这些人认为大众文化是颓废的，艺术或高雅文化具有优越性，这些思想影响了美国学派的大众文化理论家。

按照法兰克福学派领导人之一西奥多·阿多诺的说法，同其他提供了一种新奇幻觉的、由标准化部件所构成的工业产品一样，大众文化是建立在肤浅的细节基础上的。大众文化之所以被公众接受，是因为，由于工业经济中的劳动具有抹杀人性的性质，公众缺乏理解比较复杂的文化的精力或意愿。大众文化反应了经济精英的价值观念并提供了一种社会控制形式。

五十年代的美国大众文化理论家认为，流行文化是完全一致(monolithic)的，它体现了销售给一群无差别观众的单一系列的思想和价值(Rosenberg & White,1957)。事实上，这种看法在某一时期部分是真话。例如，从三十年代到五十年代，通俗歌曲由几家大公司生产和传播。这些歌曲表现了白人中上层阶级的价值观念并以浪漫的爱情故事为主要内容，只不过采取了十分理想化的和伤感的方式。在音乐所描绘的这个奇幻世界里，社会问题和世界大事实际上被彻底忽视了。

好莱坞电影也涉及到一个奇幻世界，一般来说，它们讲述的是大富翁的问题或相对而言几乎没有什么暴力的侦探小说的问题。社会问题和世界大事再一次被彻底排斥在银幕之外。面向全部家庭成员销售的大众杂志，例如《生活》和《星期六晚邮报》，构成了这一时期的特色。广播电台通过全国网络广播它们的节目。

从二十世纪五十年代中期开始，使得文化精神食粮标准化在经济上可行的条件消失了。电视的出现对所有娱乐媒体产生了有力的影响。特别值得注意的是，其他媒体被迫将它们的活动转向特定受众(Hirsch，1978)。这必然产生大量的传播渠道。在以后的几十年里，人们创办了许多新的流行杂志；所有的杂志都变得高度专门化，专门以体育迷、新闻迷、计算机迷等为读者对象，投其所好。妇女杂志瞄准了年轻妇女、职业妇女或家庭主妇，但并不是同时针对这三种妇女。广播电台也变得专门化，它们提供特定类型的音乐以取悦不同的听众。

一九五五年之前，当生产各种文化形式的组织还比较少的时候，大众媒体广泛传播一套一致的、但却是狭隘的价值观念。从表面上看，这些价值观念是主导文化，但是它们并不反映各个阶层的人们的需要、利益和价值。在二十世纪五十年代中期，当广泛传播文化的组织的数量增多的时候，人口中更多阶层的利益得到集中体现。从那时起，广泛传播各种类型的文化组织的数量稳步上升[②]。

这种情况使人们对向大众广泛传播的文化在当代社会中的角色产生了新的理解。早在六十年代，麦克卢汉(Mcluhan, 1964)就认识到，作为文化传播的一种全新的和革命的形式，电视具有重大意义。他认为这种媒体自身比它传送的实际内容更能影响受众。换句话说，信息的传送手段而不是实际传送内容是主要因素。根据麦克卢汉的洞见，梅罗维茨(Meyrowitz, 1985)认为，关键因素是信息的可传达性：电视使以前被某些群体垄断的某些种类的信息为每一个人所自由地获得。与印刷品不同，印刷品根据解读专门化语言编码的不同能力，产生了不同等级的社会群体，电视使用每一个人都能理解的简易编码，使不同社会地位的所有观众都能理解它的信息，从而打破了社会群体之间的界限。通过将人口中不同阶层结合为一体，电视创造了一种单一的观众，一个文化活动场所。

人们并没有将媒体看做传送信息和思想的中性的工具，现在，有关媒体在向公众播送新闻和娱乐节目的过程中如何转变和阐释现实这方面的争论颇多。斯诺(Snow, 1983)认为，在当代社会，公众往往接受媒体所呈现的社会现实，因此，当代文化实际上就成了“媒体文化”。与大众文化理论家不同，他并不认为大

---

② 从一九五六年到一九七一年，美国调幅广播电台的数量几乎翻了一番，而调频广播电台的数量增长了两倍多(Greenberg, 1985)。近年来，有线电视系统和卫星节目服务激增，为观众提供了越来越多的电视频道。由于这些因素，以及录像机的出现、独立经营的电视台的数量增多，观看主要网络的节目的受众比例逐渐下降。尽管在大约二十年里日报的数量还保持稳定，周报和月报的数量一直在增加(Carroll, 1985)，大大超过了日报。从一九四七年到一九七八年，出版公司的数量翻了一番(Noble, 1979)，同时每年出版的图书的数量稳步增长。在这一时期，博物馆和艺术馆也大幅度增长(Crane, 1987)，区域性剧院数量增长的幅度较小(DiMaggio & Stenberg, 1985)。

众媒体影响的背后存在精英分子的密谋活动。他没有将媒体看做是有意强加给公众的一种特殊意识形态。相反，他认为，媒体的巨大影响在很大程度上是通过传播过程自身性质产生的，传播过程本身不可避免地以某些方式改变了被传送内容的特征。

最后，离开对生产和广泛传播录制文化的组织的考察，而去理解录制文化在当代社会中的性质和角色，是不可能的。文化生产理论关注的是不同类型的组织结构（DiMaggio，1977）和不同类型的市场（Peterson & Berger，1975）对文化产品的多样性和范围的影响。

今天欧美许多论述流行文化和艺术的著作可被看做是对以下三个视角的继续和修改，这三个视角是阶级文化、媒体文化和文化生产[③]。在本书中，我将论证，根据结合这三种研究方法的综合模型能够理解录制文化在当代社会中的角色。然而，为了做到这一点，必须将每一种理论重新概念化以适应当代录制文化的复杂性。

媒体文化、阶级文化和文化活动场所

我们从麦克卢汉（Mcluhan，1964）和梅罗维茨（Meyrowitz，1985）的著作中得到的最重要的深刻见解是，电视在发挥一个巨大文化场所的作用，在这个文化活动场所之中，某些种类的信息可供所有的受众利用。这种情况并没有消除社会差异，相反，它

③　文化生产研究方法主要见于美国社会科学文献中，阶级文化方法主要见于欧洲社会科学文献中。媒体文化研究方法的因素同时出现在上述两种社会科学文献当中。

产生了一些新型社会群体，我将在后面的章节中对此进行讨论。与此同时，每一社会群体的趣味和活动都潜在地在其他社会群体那里见到。这个文化活动场所的性质和功能刚刚开始为人所理解。显而易见，在今天的后现代社会中，为文化设立标准和塑造大众趣味的是这个文化场所，而不是高雅文化。

用三个不同文化领域不同种类的组织在其中生产和传播文化的术语，将文化概念化是有益的（表1.1）。向全国和各国受众广泛传播文化的联合大企业支配着**核心领域**（core domain），在某种程度上，所有的人都要受到核心领域的影响。电视是这个领域的重要媒体，同时还有电影、少数几家重要报纸和一些新杂志。支配**边缘领域**（peripheral domain）的是诸如广播网、唱片公司以及杂志和图书出版社这类组织，它们在全国范围内广泛传播文化，但它们针对因年龄和生活方式不同而各异的亚群体[④]。第三个领域是**都市文化**（urban culture）领域，它在都市背景下生产，并广泛传播给地方观众。利用比较费解和古怪的材料吸引最少受众的组织，往往是地方的文化组织，它们生产和广泛传播被那些强调联合大企业生产的流行文化的作用的人所遗忘的文化，它们在这方面发挥重要作用。地方文化组织通常是文化网络——亚文化或艺术世界——的组成部分，它们经常是新思想的源泉，其中的一小部分新思想最终进入文化活动场所。生产这些作品是一项社会活动，在从事这项活动的过程中，文化创造者时常注视其他创造者的作品，以便证实他们本人对审美问题和政治问题的看法。

---

④ 由主要唱片公司生产、广播电台广泛传播的流行音乐的受众一般多于边缘文化的受众，但是，从生活方式和亚文化角度来说，前者比电视和电影的受众更加零散化。

表 1.1:文化组织分类表

文化组织类型	媒体/媒介	受众的主要类型
全国性的核心媒体	电视 电影 重要报纸	异质性的
边缘媒体	图书 杂志 其他报纸 广播 录像	生活方式
都市文化	音乐会 展览 博览会 游行 表演 戏剧	阶级

进入核心文化的内容以极力强调某些主题为特征。各个论题得到关注的程度大不相同,某些论题得到了极大的关注,某些只是被浮光掠影地触及到。核心文化的内容脱离了它原初的语境,它是由来源广泛的聚集在一起的意象、叙事和思想组成的,这些意象、叙事和思想保留了最低限度确定它们时空位置的信息。

许多体裁或套路(formulas)横跨不同种类的媒体。例如,在印刷品、电影、音乐和雕塑等艺术的内部,存在不同的文化创作规范和准则,它们常常伴随着创作者和公众的趣味和态度的变化而发展。与较陈旧的流行文化和高雅文化的观念相反,这些体裁包含的素材吸引了形形色色的公众，这些公众因兴趣和介入那种特定文化形式的程度的不同而有差别。结果，在每种体裁的内部，一些内容广泛地分布在核心领域（文化场所），而其余的则广泛地分布在边缘文化和都市文化领域。随着进入这三个领域中的每一个领域的素材的比例不同，体裁有所变化。例如，就当代歌剧而言，只有一小部分素材分布在核心领域；大多数分布在都市背景下。相比之下，绝大多数摇滚乐有可能广泛分布在核心领域，但与此同时，大量的摇滚乐，尤其是新乐队演奏的新音乐广泛分布在都市背景下。换句话说，每种体裁的名下都含有各式各样的文化作品，从吸引大多数受众的作品到吸引相对来说少量受众的作品，不一而足。

相对而言，吸引少量受众的文化作品是当代先锋派的同类作品，但是，这些先锋派作品以各种文化形式存在，有的标榜为高雅文化，有的则不是，强调这一点很重要。浪漫小说生产者、科幻小说生产者和服装设计师当中有先锋派，当代绘画和诗歌生产者当中也有先锋派。

例如，当朋克音乐风格刚刚出现的时候，人们将朋克音乐家的行为与先锋派艺术家的行为作了一番比较（Henry，1984）。尤其需要指出的是，从这些朋克音乐家的行为中能够看到先锋派的各种策略，例如他们有意地试图刺激受众，故意模糊艺术和日常生活的界限，将不相干的物体与行为并置起来。英国学者称这类群体为“抵制的亚文化”（resistant subculture），并且考察了这些群体赋予流行文化意义的方式，这些方式表现了他们对自己身份的看法，反映了他们对自身社会地位的阐释（Hall & Jefferson，1976）。换句话说，流行文化先锋派使用流行文化传统创造了新的风格。相应地，这些风格被支配大量受众的传播渠道以不太令人感到刺激的形式挑选出来，进行广泛传播。正如卡普兰(Kaplan,1987)指出的那样,一些音乐节目录像融汇了当代文化所熟知的一些套路,而其他音乐节目录像则创造了一种先锋派的含混和刺激,但这种含混和刺激经常明显不协调,削弱了自身的效果。

这些思想启发我们理解阶级文化,以及文化偏好和社会阶级之间的关系。在这三个领域的每一个领域之中,文化受众的分布都不尽相同。核心文化的受众是将个体与多样的趣味和社会背景统一起来的大众受众[5],边缘的和地方的组织传播的文化的受众来自于特定的人口和社会类别,如年龄、性别、种族和阶级,以及持有各种社会态度和世界观的特定群体。在此,市场研究组织从事的工作很有启发意义(Cathelat,1985; Weiss,1989)。法国研究者(Allien & Cathelat,1988; Cathelat,1985)利用法国和美国人口调查的结果,能够确定具有独特观点或世界观的一些群体,其中每一个群体相应地被再分为一些亚群体,这些亚群体有着不同的生活方式,他们对各种媒体组织、政治组织、消费商品和休闲活动有着特殊偏好。魏斯(Weiss,1989)认为,美国社会具有四十种不同的生活方式,具有相似生活方式的个体居住在相同的居住区,这些生活方式往往与邮政编码相对应。由于这些群体与传统的社会阶级类别相交叉,他们对应于美国社会学家所概念化的文化阶级(Lewis,1980;Peterson & DiMaggio,1975)。人们对特殊文化活动感兴趣和介入的程度可从生活方式角度得以理解。

在都市背景下,社会阶级依然是预示文化选择的一件重要事物,尽管随着城市本身在新的方向向前发展,这种情况正在发

---

⑤ 值得注意的是,现在平均每人每天花近三个小时看电视,此外还用一个半到两个小时消费其他类型的媒体,如报纸、杂志和音乐(Robinson,1990)。

生变化。再现了不同生活方式、联系松散的郊区群落正在取代以阶级为基础的、界限分明的城区或都市中心周围的居民点，文化活动集中在这里面，从博物馆到居民点的酒吧，这里的文化活动场所一般要受到一个特定社会阶级成员的控制，以他们为主顾。

最后，有必要取代过时的**高雅文化**和**流行文化**这两个术语。从全国性文化工业生产的文化和都市亚文化中生产的文化角度进行思考会更为有用，都市亚文化包括形形色色的艺术世界和族群亚文化。核心文化工业吸引了由不同的社会阶级组成的受众，而边缘文化工业的受众是根据生活方式而不是根据社会阶级来划分的。只有都市文化的受众仍然根据社会阶级来分层，尽管在所有层面上，生产和传播这些都市文化的人的社会背景要比它们的受众的背景复杂得多。

核心文化支配整个系统的趋势，边缘文化和地方文化领域中新的文化组织稳步增多，二者之间一直很紧张。当核心领域内部的一些组织合并成为日见庞大的联合大企业时，霸权的威胁、将一种精英的世界观强加给整个社会，似乎不可避免。然而，边缘和地方文化领域中的组织数量继续激增。不同文化类型内部的体裁继续再分，而不同生活方式的数量还在稳步上升，卡斯拉特(Cathelat，1985)将这个过程描述为现代社会的“过度分层”(hypersegmentation)。

推动内容和新的生活方式新趋向持续增多的因素还不明确。在一定程度上，新的文化形式和体裁的出现，是新技术产生的结果，新技术为文化创造者提供了更多的对形象和声音生产的控制(Gendron，1987)。另一种因素是促使文化选择日益独立于工作观和职业观的工作和经济性质的变化(Bell，1976)。

一方面，怎样在核心领域内表现一个个体或组织，对于在大多数领域(fields)的高层次上获取成功至关重要。这相应地刺激了各种广告活动,尤其公司广告活动的急剧增长。另一方面,新思想和新形象往往始自于核心领域之外的边缘和地方领域,其中少数会被核心领域吸收。在核心领域的边界,存在高度的“喧哗声”(noise),这是大量个体和组织争相进入核心领域的活动的集中体现。这个范围内的激烈竞争已经加快了文化变迁的速度,或较为常见的是,加快了文化变迁的出现。已经为人所熟知的文化信息,由于与先前的文化内容有联系,更容易被吸收到核心里面。从无所不在的文化循环现象之中可看到这一点,在文化循环过程中,包括来自于高雅文化在内的、来源广泛的形象和叙事因素,被融汇到新的流行文化形式之中,被置于以各种方式修正了它们原义的新的语境之中。这个循环过程反映了对新奇(novelty)或新奇表象的执著的寻求。卡普兰(Kaplan,1986)认为,在流行音乐节目录像中,先锋派策略被如此彻底地吸收到占主导地位的文化中,以至于这些策略不再令观众感到震憾。结果正如她所说的,“‘震憾’必须内在于形象的经常变换中,内在于极不寻常的形象的使用中”(Kaplan,1986,p.150)。

总而言之,我将讨论影响录制文化传播的环境是如何在独立于阶级控制或精英控制的情况下对录制文化产生巨大影响的。我也将考察各种社会区分类型影响不再符合于高雅文化与流行文化观念的文化消费的日益复杂的方式。最后我将考察生产和传播录制文化的组织影响文化自身性质的方式。

在第二章,我将探讨各种媒体文化观念。与其他领域相比,核心领域内的文化素材的性质和表现有什么不同?这又是如何影响公众的趣味和态度的?

在第三章,我将解释,由于电视的缘故,阶级与文化之间的关系在过去的三十年怎样发生了巨大变化,其结果是欧洲的阶级文化理论越来越不适用于美国社会。

在第四章，我将讨论全国性文化工业中的组织；我尤其将考察管理结构的性质，以及这些结构如何影响到媒体文化的内容。过去，这些组织发挥作用的市场偶尔会出现动荡，在此期间，规模最大的公司无法通过寡头垄断来控制市场（Emery & Trist，1965）。尽管这些动荡时期会使一些组织付出巨大代价，甚至给这些组织带来灾难，但是它们很可能与反映公众趣味改变的新型文化产品的出现联系在一起。在二十世纪八十年代，由于支配全国性文化工业的联合大企业控制了发行渠道，它们越来越不受竞争和动荡的影响。

在第五章，我将利用四种理论视角，即构架系统（framing）、结构主义、接受理论和英国文化研究，来考察核心文化工业和边缘文化工业所使用的体裁中的叙事主题。一种特定媒体与其观众之间关系的变化，或一种特定媒体与其他媒体之间关系的变化，是怎样影响它广泛传播的文化产品的意识形态内容和风格的？当一种文化体裁被不同种类的媒体广泛传播的时候，它产生的意识形态影响是如何发生变化的？

在第六章，我将讨论阶级文化在都市社区生产和传播文化方面发挥的作用。都市文化世界对于全国性文化工业有何重要意义？

在第七章，我将讨论政府在管理全国性文化工业和都市文化方面发挥的作用。我将指出，政府在管理全国性文化工业方面发挥的作用是间接的，几乎是无形的，但它却对全国性寡头垄断的权力和影响产生了极为深远的后果。相比之下，它向都市文化拨款的权力一直受到挑战。近年来，有关猥亵指控的司法案件一直针对这两个领域中的创作者，反映了这两个领域的创作活动越来越相似。

在结论部分，我将讨论，正在发生的全国性文化工业向国际文化工业的转变对于未来的全国性核心文化、边缘文化和都市文化的启示。我认为，全球性文化在很大程度上局限于发达国家，但根据它目前呈现的形式，它似乎很可能增强核心文化的影响，而与此同时，它威胁到都市艺术亚文化的生存，作为文化创新的熔炉，都市艺术亚文化的角色越来越难以为继。

第二章 媒体文化范式

在过去的十五年中，社会学家们对媒体影响的看法，尤其对试图赢得大多数受众的媒体的影响的看法发生了重大转变。在此之前，人们主要从两个理论视角出发看待媒体，这两个理论视角分别是功能主义和马克思主义。功能主义理论将媒体看做是不偏不倚传送信息和思想的工具。这种理论主要考察的问题是公众回忆或补充从媒体那里接收到的信息的程度。马克思主义理论采取了相反的立场。媒体不是不偏不倚的；它们以被公众不加批判就接受的大众文化的形式传播精英分子的观点[①]。

今天被确认为**媒体文化范式**的事物源于两种类型的研究：(1)对为报纸和电视创作的新闻的性质和内容的研究；(2)对作为媒体而不是作为传送视觉信息和文字信息手段的电视的研究。电视在当代社会发挥的重要作用迫使社会科学家们从总体上重新思考传播的性质，尤其要重新思考意识形态的传播(Kellner，1982)。在二十世纪八十年代这两种视角都被用于分析电视娱乐节目。

最新理论已经将媒体信息性质和公众反应的性质重新概念化。新的研究方法摈弃了信息传递给接受者的因果关系链条范

---

① 对功能主义的媒体研究方法的综合评论，见 Tuchman(1988)。对马克思主义或大众文化立场的综合评论，见 Gans(1974)。

式。媒体不再被看做不偏不倚地传送信息和思想的工具，现在许多争论涉及到媒体在向公众传播新闻和娱乐活动的过程中，是如何转变和阐释现实的。以前，首要研究目标是评价个体是否从媒体那里吸收了特定的信息内容。在新理论中，媒体产生的影响被看做是媒体和观众之间相互作用的产物。属于不同社会群体的受众，从占主导地位的受众到处于边缘地位的受众，以极不同的方式阐释同样的信息。根据菲斯克（Fiske，1989）的看法，“文本不再被看做是具有其自身意义和对所有读者产生相似影响的一种自足的独立体。相反，它被认为具有多种潜在意义，有很多方式能够激活这些潜在意义”（p.269）。

媒体文化范式：构架（framing）新闻

在二十世纪七十年代初，欧美的许多社会学家开始将从媒体那里收集和创作新闻及信息的过程重新概念化。他们认为，媒体在传送现实的过程中阐释现实。这里的核心思想是，新闻故事是以影响公众领会其内容的某些方式被**构架**（framed）出来的。构架是通过选择某些故事而舍弃其他故事而进行的，还借助于那些用来表现被选择供广泛传播的故事所使用的技巧，例如将信息融汇在叙事格式之中，或将特定的角度强加给观众，这些角度强调某些细节而舍弃其他细节，例如争执、危险或冲突（Campbell，1987）。

莫洛奇和莱斯特（Molotch & Lester，1974）提出了新闻媒体选择信息的一种有用模型。他们并不认为选择供新闻报道的事件是建立在评价这类事件相对重要性的客观标准的基础上，而是认为（1974）选择新闻题材实际上是由记者四处寻找新闻的方式所决定的，而不是由事件本身的特征决定的。换句话说，选择新闻题材——无论是成为新闻的题材，还是硬性被规定为新闻的题材——受到新闻机构的要求和惯例的引导，而不受事件真实情况的引导。

报纸刊登与电视播发的大多数新闻是对例行活动（routine events）进行的报道，这些活动被要么是政治领导人，要么是政府官员掌权者认为很重要。其余的新闻则由非例行活动组成，例如丑闻、事故和例行活动的蓄意中断，它们提供了有关政治与政府现实的非官方信息。由于有必要对非例行活动做出反应，掌权者有可能失去对界定政治与社会现实的过程的控制。近来，大多数美国总统在其任职的某段时间内失去了对公众舆论的控制（Drier，1982），这很值得注意。换句话说，因为新闻媒体必须对他们控制之外的事件做出反应，媒体所再现的舆论和观点具有的多样性，比根据媒体所有权所预料的要大。

媒体构架内容的另一种方式是采用特定方式呈现信息。斯诺（Snow，1983）分析了媒体信息的特点，以便理解它们的效果的性质。媒体是怎样在传播信息和思想的过程中改造它们的？他认为，一种方法是按照老一套的和容易被理解的程式来呈现信息，例如娱乐、戏剧或冲突。节目的安排影响观众认识它们的程度，生产的节奏和速度，以及镜头、灯光、剪辑和音乐的使用也是如此。

广告最能说明内容的呈现影响意义以及感染受众的方式。将产品置于一种特殊的象征语境之下，构成许多广告基础的基本技巧，这种特殊象征语境赋予自身没有意义的产品以意义。尤其需要指出的是，对广告商希望影响的那些公众具有暗示意义的人或物的呈现，仅次于对产品的呈现。

威廉森（Williamson，1978）认为，广告从其他文化领域中获得意义系统，并利用它们赋予产品以意义。广告商打算使这些特点成为观众心目中的产品形象的一部分。在观众心目中产生了两种联想。首先，人或物与产品联系起来，从而赋予这件产品以意义。某些联想，尤其暗示某物至尊神圣或某人威武有力的那些伎俩，由于使用过于频繁，以至于落入俗套，令人观之生厌(Marchand，1986)。此外还可利用另一种联想方式，使产品本身表现出一种特定信息或起到一种通货的作用，用于其他交易，如获取成功、爱情或幸福等。

创造出能够操纵非常复杂的具有象征意义的广告形象和信息，需要花费大量艺术才能和技巧，但与此同时，这些艺术才能和技巧以近乎完全肯定的态度有选择地表现商业的各个方面。尽管广告在现代社会中无处不在，但人们相信，除了已经习惯于使用某种产品和被说服去选用或转而使用一种特殊品牌的个别人，对于大多数人而言，广告的影响很有限(Schudson，1984)。

媒体文化范式和意识形态

在整个二十世纪，向媒体占主导地位和充斥媒体的社会的转变改变了西方社会传播意识形态的方式。从清一色的印刷媒体向印刷媒体和广播媒体二者结合的转变，深刻地影响了意识形态内容的广泛传播。

因而，当代马克思主义理论将意识形态的性质和角色重新概念化；它不再完全受到经济因素的决定(White，1989)。社会被看做是由既有相互冲突的利益又有共同利益的许多社会群体组成的，这些利益不能被完全归结为经济利益。每一个社会机构都被认为独立于其他机构，很可能发展与其他机构相冲突或矛盾的意识形态。同样，媒体广泛传播的各种信息不能被完全解释为经济利益的表现。因为个体可能体现了属于不同群体的成员身份，他或她对某一特殊意识形态信息的反应应该有所不同。

这种意识形态研究方法表明，考察媒体表现与不同社会群体联系在一起的意识形态的方式以及个体对媒体中的意识形态信息反应和阐释方式是很有用的。例如，英国文化研究小组对媒体操纵信息的技巧很感兴趣[②]。斯诺(Snow,1983)所说的媒体**语法**被这个小组成员当做**编码/解码技巧**来加以讨论。霍尔(Hall,1977)界定了媒体的三种主要意识形态功能。首先，通过呈现不同社会群体的各种生活方式和行为，媒体提供了有关生活方式和意识形态的详细资料。其次，媒体根据这些材料与社会领域的中心和边缘的关系对它们进行分类和阐释，从而使公众相信中心位置的合法性。按照霍尔(Hall,1977)的看法，核心媒体在为全体社会成员在主导意识形态的框架内界定现实方面发挥了重要作用。霍尔认为，由于世界观的分裂和多元性，核心媒体的这项功能是现代社会所必需的。大众媒体为我们提供了有关其他社会群体在社会中生活方式的看法，这样一来我们就能够在总体上认识社会。

最后，为了完成这些任务，通过各种方式将事件进行编码，通过将事件置于赋予它们以不同影响力和重要性的语境之中，媒体赋予事件以不同的阐释。例如，某些类型的事件和行为被认为属于主导符码，一些事件被认为属于职业或专业符码，还有一些事件被认为需要在支持主导符码的人和对立符码事件之间

---

② 对英国文化研究方案的工作的评论，见 Johnson(1987)，Streeter(1984)，Tuchman(1988)和 Wren-Lewis(1983)。

进行妥协(negotiation),其余事件被赋予对立角色。对立编码所包括的思想和行为往往是被认为是少数派立场的思想和行为,这些少数派立场并非远离主流。极端的观点很可能被完全排除在外。换句话说,可以对主导意识形态进行某些批评,但这种批评不应过多。

媒体阻止对立观点赢得公众共识的技巧有:(1)强调个体的重要性,尤其强调作为被动消费者的个体的重要性;(2)根据占有支配地位的阶级剥削其他社会阶级的程度,掩饰或隐藏社会各阶级之间关系的真正性质;(3)强调社会问题的个体解决办法,而不是强调集体解决办法;(4)兼收并蓄各种对立的或有分歧的视点,从而缓和它们之间的差异;(5)通过掩饰社会各阶级间的真实关系,提供一种社会和谐的幻象。因为社会系统内部有许多矛盾和不一致,媒体并没有成功地产生社会和谐和完全接受主导意识形态[③]。

尽管霍尔(Hall,1977)的理论不遗余力地坚持说主导意识形态和占有主导地位的社会精英的权力具有重要性,新马克思主义者普遍将媒体和电视的角色概念化,尤其将它们概念化为呈现当代社会非常不和谐的和自相矛盾的图景的角色。他们相信,媒体没有成功地获取全体社会成员的共识,被迫允许主导意识形态和没有完全占据主导地位的意识形态之间存在一定程度的妥协。与此同时,正如霍尔所强调的那样,真正与主导观点相对立的可能性很有限。

---

③ 由于很难检验他提出的解码/编码理论,霍尔的著作遭到了批评。从经验上检验这个理论的企图表明,人们并不是根据这个理论预示的方式阐释媒体内容,尤其是中产阶级,对现存的社会和政治状况所持有的批评态度比这个理论所预料的要强烈。

媒体文化范式与受众反应

以前的媒体理论认为受众要么接受一种给定信息，要么拒绝接受一种给定信息，但是媒体文化范式普遍认为观众阐释或商讨(negotiating)信息意义。因为受众来自于社会各群体，这些群体对事件的阐释不同于媒体对这些事件的阐释，受众对一个特殊媒体文本的阐释体现了他们的观点和文本表现的观点之间的一种“商讨”。菲斯克(Fiske，1989)陈述说：“读者是根据文本制造出意义的主动制造者，而不是已建构成功的意义的被动接受者。”(p.260)

此外，斯诺(Snow，1983，pp.30—31)认为，我们对社会的认识受大众媒体的影响如此之大，以至于他声称我们生活在“媒体文化”中。按照斯诺的看法，我们根据媒体呈现现实的方式看待我们的生活，尽管他并没有认为媒体表现了一种主导意识形态。然而，公众受媒体影响的程度因他们受教育程度的不同而不同：受教育较多的人更善于选择他们所需要的信息，更善于评价媒体的内容。受教育较少的人较有可能接受媒体内容的表面价值，受众中的个体因他们阐释文本或与文本商讨的能力不同而各异。

作为社会活动场所的媒体

另一种媒体文化范式强调作为社会活动场所的媒体的形象。这种社会活动场所的特征影响进入这个文化空间的内容的性质,影响到内容的性质如何相应地受到它在这个语境之中表现的影响,以及公众对它的反应。从这个角度看,媒体塑造信息,它并没有受制于社会精英人士,但它对公众的巨大影响并不是完全可预知的。

梅罗维茨(Meyrowitz,1985)认为,电视是一个社会活动场所,它对公众的巨大影响远远不同于印刷媒体。他认为印刷品(图书和报纸)产生和巩固了扩大社会群体之间差异的社会等级制。原因在于学会阅读印刷信息所需要的技能水准,人口各个阶层所能达到的技能水准存在程度差异。相比之下,电视更容易为所有社会群体接受,无论这些人的年龄和受教育的程度如何。部分原因在于,电视节目中不存在难度不等的符码序列;无需辨认必须首先学会的复杂符号。无论自身社会地位如何,所有的公众都能够接受媒体的信息,所以说媒体创造了一个单一受众。它将不同的公众混合为一种单一受众。相比之下,印刷媒体创造了许多不同的社会群体,这些社会群体因解读专门化词语编码的能力不同而彼此有别。

从以下事实中可以看到,年龄和收入状况不同的人在看电视上花的时间差别很小,而消费印刷媒体却与年龄和收入状况密切相关。美国人每天平均看电视的时间是三至四小时。

因此,按照梅罗维茨(Meyrowitz,1985)的看法,电视不可能轻易受社会精英人士利用,在他们内部交流或传播他们的思想。甚至在不存在与每一个人都相关的社会事件的情况下,电视往往将所有的社会群体都囊括在很相似的信息世界中。与此同时,由于电视使用的是视觉形象,它以一种与社会互动非常相似的方式呈现信息。尤其当它进行实况转播时(与书本上对这类事件的描述截然不同),电视很可能暴露戈夫曼(Goffman,1959,p.112)所说的“幕后行为”(backstage behavior),这种所谓的“幕后行为”揭示一种境况的幕后现实,而不是一种理想化的形象。这就意味着信息不大可能被操纵和扭曲,尤其是如果播放是现场直播和仅仅经过最低限度的编辑整理的话,就更是如此。最后,电视能够产生使所有的地点看起来极为相像的效果,无论这些地点是学校、监狱还是私人住宅,因为它将个体与有关世界其余部分的大量形象和信息联系在一起。

与此同时,电视促进了个体与他们自身所属社会群体的认同,因为电视为他们提供了用于比较他们自身境况和其他群体境况的较多信息。从前,少数民族在孤立的信息系统和非常独特的群体经验基础上建立了对自身的认识。对于那些认为自己在某方面处于不利处境的人来说,看电视增进了他们利用政治和社会行动改善自身处境的动机。

梅罗维茨(Meyrowitz,1985)认为,就其作为一种社会活动场所而言,电视所具有的能力对整个社会产生了许多重要影响。它瓦解了建立在对印刷媒体控制基础上的传统政治权威,而代之以善于操纵视觉媒体的新型领导人。它也使政治权力非神秘化,因此现在的学生和少数民族群体要求他们在大学和公司中享有政治权利,而在过去,这简直匪夷所思。

电视给孩子提供的成人交往方式的知识比他们通常从印刷媒体中获得的这方面的知识更老道,从而瓦解了父母支配孩子的权威。这就意味着他们更迅速地被社会化,更不情愿接受父母的意见和权威。今天,就服装、娱乐偏好和语言而言,与过去相比,孩子更多地被当做成人来对待,而成人的行为往往更像孩子。

值得注意的是,美国保守的宗教团体为了维护自身与美国社会其他团体之间的差异,建立了自己的电视网络。这些网络提供的电视节目反映了全国性电视节目,但强调不同的政治、社会和宗教价值。

尽管梅罗维茨似乎认为这个社会活动场所很容易为公众所接受,然而希尔加特纳和博斯克(Hilgartner & Bosk, 1988)在讨论"社会问题的兴衰"时指出,进入媒体领域是一个充满高度竞争的过程。因为公众注意力是一种稀有的宝贵资源,进入媒体空间要进行激烈竞争。这两位作者指出,潜在的社会问题有很多,但是其中只有一小部分能够成功地进入大众媒体的社会活动场所。其他研究表明,其他文化形式,如流行歌曲、电影、新闻故事等,也面临同样情况[④]。这些文化形式之中也只有一小部分能够成功地获得构成文化活动场所的媒体的注意。

希尔加特纳和博斯克(Hilgartner & Bosk,1988)强调,社会问题的实际数量对进入这个活动场所的社会问题数目的影响很小。这同样适用于其他内容形式。一个重要的因素在于,在与提供了潜在的、可使用的材料有关的特定时期,就这个活动场所所包含的内容数量而言,这个活动场所本身容纳能力很有限。希尔加特纳和博斯克(Hilgartner & Bosk,1988)这样说:"正是由于潜在问题的数量和表现这些问题的公共空间规模不相符,才使得这些问题之间的竞争对于集体界定的过程如此关键和如此重要。"(p.55)[⑤]

与进入文化领域的其他内容相比,某些种类的内容更为相似。希尔加特纳和博斯克引证说明了戏剧性和新奇性的特征对于社会问题的重要性。按照他们的观点,"简单的、戏剧性的问

---

④ 十部影片中只有一部,十首流行歌曲中只有一首赢得公众的青睐。

⑤ 希尔加特纳和博斯克(Hilgartner & Bosk,1988)界定了表现社会问题的活动场所,除了媒体组织之外,这些社会活动场所还包括司法组织、宫廷、政治组织和非营利性组织(pp.58—59)。在这项讨论中,我主要关注引起一般公众而不是特殊公众注意的信息出现的文化活动场所。

题论述更有可能在竞争中获胜”(Hilgartner & Bosk,1988,p. 62)。同时,与经过“复杂和精细分析”编排的社会问题相比,与普遍接受的“政治神话”联系起来的社会问题更有可能进入社会活动领域。其他内容形式也是这样,能够被迅速和容易理解的内容得到优先考虑,因为,与难于理解和陌生的材料相比,这种内容具有的含义为人所熟悉。换句话说,材料必须有新奇性因素,但是,不能达到要求受众自身具有全新视角的程度。

文化活动场所中的呈现是如何影响内容本身的呢?或许最明显的影响就是反馈效果促成的对一个话题或问题的进一步发挥(Hilgartner & Bosk,1988,p. 67)。那就是说,一旦一个主题通过它的一个亚渠道进入文化活动场所,它就很可能被其他许多渠道所接受,因为这些渠道被跨组织的和个体的社会网络联系起来。传播一个特殊题材的渠道越多,就意识到这个主题的人们的数量而言,无论他们主动还是被动意识到的,那个主题产生的影响也就越大。

希尔加特纳和博斯克(Hilgartner & Bosk,1988)也讨论了过多信息所产生的饱和效应。由于通过不同频道广泛传播给公众的论题的相关信息过多,过于类似,那个论题可能失去戏剧性效果,不再是文化活动场所的一个有生命力的话题。

就流行文化而言类似效应也已经被发现。彼得森(Peterson,1978)指出,在赢得广泛接受过程中,乡村音乐开始听起来更像其他形式的流行音乐,逐渐失去其独特性。具有讽刺意义的是,这些变化是乡村音乐联合会竭力劝说广播电台采用全方位乡村音乐节目编排方式所造成的,这样做是想提高这种音乐的冲击力度和影响力。新的乡村音乐广播电台采用了流行音乐电台的节目编排风格:它们一再重复演奏为数不多的唱片。这样做大大减少了其作品能被上演的艺术家的数量,同时也降低了这种面向公众的音乐体裁内部的风格多样性。因而，只有少数乡村音乐明星成为超级明星。这些明星的唱片的销售额激增，但许多其他表演者却遭了殃，因为电台不再播放他们的唱片。彼得森(Peterson，1978)说："乡村音乐的亚形式，民歌乡村音乐(folk country)、乡村低吟歌曲、兰草音乐，过去经常是乡村广播电台节目混录的组成部分，后来被新的乡村广播节目所枪毙。"(p. 306)

本雅明(Benjamin，1969)是预言文化内容传播产生的另一种重要影响的第一人。大规模的传播意味着内容被非语境化(decontextualized)，在这一过程中，内容失去了本雅明所说的"灵韵"(aura)，尽管这个术语的意义还不完全明确，但是，可以断定，特定种类的内容失去了它们作为具有特定指涉的文化符号所应有的特权地位。很明显，一些最具感染力的文化符号，由于在不同种类的媒体上多次曝光，就失去了它们的原初意义，获得了新的内涵。

换句话说，在这种语境下，内容被呈现这一事实本身改变了一个人、一个事件或一份文献的原初意义。文化语象(icon)，如《蒙娜·丽莎》或玛莉莲·梦露的照片，每被复制一次，其形象根据它们是出现在广告中、海报中、T 恤衫上，还是出现在有关艺术史的著作中，会投射出新的或改变了的意义。非语境化一方面导致一种文化的全部象征内容(symbolic repertoire)大幅度增加，但另一方面，由于一再被复制、并置和剪辑，全部象征内容中的每一项内容的有效性会被非语境化降低。这种情况可能相应地引发了近年来日益增多的对形象和概念的循环利用。一旦形象和概念失去了它们的影响力，就会出现孤注一掷地寻求替代物的情况，由于过度使用和不断重复，这些替代物相应地被排空了意义。

媒体文化范式与娱乐

媒体文化范式对于娱乐的性质和效果有什么启示？尤其值得注意的是，娱乐媒体是如何阐释社会事件的？对公众产生了什么影响？

与霍尔（Hall，1977）的观点相似，吉特林（Gitlin，1983）认为，电视娱乐的意识形态内容经常随着不同社会阶层的意识形态的变化而变化。电视没有制造出它自身的意识形态；相反，它从社会的其他部门那里接受意识形态。就批判主导文化的意识形态而言，通过将它们的观点融入社会精英人士的视角之中，电视产生了缓和这些观点的效果。吉特林描述说电视表现了文化与政治的多元化，但与此同时，它传播的信息倾向于商业利益的视角。在娱乐节目播放过程中，受众被当做销售广告宣传的产品的市场。在商业广告中，电视通过表现消费者的满足来表现幸福，在戏剧性很强的节目中，通过表现中产阶级生活方式来表现幸福。

重大的社会冲突一经出现就被吸收到这些节目之中，但一般来说，它们是不会从受这些冲突影响最深的人们的角度来表现这些冲突的。换句话说，社会对立和批评被电视节目所吸收，但是它们被理性化，以至于它们不再对整个社会构成威胁。社会问题的解决办法，表现在个体采取的行动上，而不是改变这类社会问题的社会结构根源的集体企图上。

吉特林（Gitlin，1983）指出，主导意识形态本身就是矛盾和不一致的，因为有关影响个体及其生活方式的许多问题没有明确的共识。例如，在以消费为导向的社会中，努力工作和休闲的相对重要性变得越来越有歧义。他对影响受众的这些问题的主体持不可知态度，他呼吁对受众进行人种志研究，以便确定他们对电视的意识形态内容做出实际反应的方式。

与吉特林的观点相似，纽科姆和赫施（Newcomb & Hirsch, 1984）认为，电视呈现了与政治、社会和个人问题有关的论题的不同视角，但是，这两位作者并不认为电视传播一种一致的、以阶级为基础的意识形态，或一套主导文化价值。在他们看来，电视强调的是讨论而不是灌输，强调的是矛盾和困惑而不是和谐一致的信息。换句话说，电视是一个文化论坛，而不是阐述政治与社会教条的舞台。这就意味着电视逐渐吸收了变化着的社会角色和社会冲突的定义，但是，电视不是通过支持变化而仅仅是通过援引这些变化来做到这一点的。

纽科姆和赫施（Newcomb & Hirsch, 1984）提出的作为一种文化机构的电视模型利用了卡雷的传播作为符号化过程的理论，“通过这一过程，现实得以生产、维护、修补和改造”。（Carey, 1975, p. 10）按照纽科姆和赫施（Newcomb & Hirsch, 1984, p. 71）的看法，当代文化通过其艺术来检验自身。在当代社会，电视对于现实的社会建构过程尤其重要。

在此他们利用了菲斯克和哈特利（Fiske & Hartley, 1978）阐发的有关电视具有**吟游诗人**（bardic）功能的观念，这种观念认为，在传统社会中，吟游诗人或诗人的作用在于证实和增强他们的文化成员所具有的一种适当的认同感。他们认为，“传统的吟游诗人将他所在的那个时期的最重要的关注内容变成诗歌。我们必须记住，电视将我们本人的日常感知变成同样专门化的、但不那么正式的一种语言系统”（Fiske & Hartley, 1978, p. 86）。

菲斯克和哈特利明确将电视看做一种文化活动场所，这样做不仅因为商业垄断或政府控制，而且也因为“文化感觉到需要一个共同的中心，而电视传播的信息总是指向这个中心”。在菲斯克和哈特利看来，电视的吟游诗人功能解释了它强调的是某些观念和价值而非其他。他们认为电视需要它的节目呈现“已经确立的有关现实性质的文化共识”。在他们看来，表现边缘群体的意识形态和信仰的电视节目占用的时间较少是不正常的。另一方面，菲斯克(Fiske,1987)强调，电视节目若想流行，它必须呈现能迎合不完全赞同主导意识形态的群体的成员的兴趣和以不同的方式阐释主导意识形态的人的兴趣。

强调主导文化的一个后果是，主题往往是通过熟悉的理解方式表现出来。换句话说，个别节目往往为特殊问题提供老一套的处理方式。在总体上，纽科姆和赫施认为电视“内容稠密、丰富和复杂”，但它是通过将形形色色的节目并置才获得这种效果的。他们认为，分析电视必须从节目编排的“连贯”(strips)角度出发，在这种“连贯”之中，“对相同思想相对立的处理方式”很可能序列地发生。

因为能以各种方式阐释这些节目，尽管阐释方式并不是无限多样的，观众内部的各个亚群体往往对它们做出不同的反应。怀特(White,1989)指出，电视往往为“大多数人提供某些事物，提供符合潜在观众的利益和需要的一种受限制的意识形态立场的自由”(pp.160—161)。她暗示说，看到内容广泛的节目素材的观众，希望发现对他们有特殊意义的一些素材。边缘群体成员经常以创造者始料未及的方式来阐释素材，从而达到这个目的。进行所谓的颠覆性解读，通常需要忽略文本中再现主导规范和价值的那些因素，以及用于构架所指意义、降低其主导地位的因素。颠覆性解读的发生需要忽略整体框架，集中探讨次要主题和次要情节。菲斯克(Fiske,1987)暗示说，电视文本中的一些因素只有从主导意识形态角度才能得以阐释，而其他因素则可以进行“商讨、抵制或对立的解读”(p. 272)。

纽科姆和赫施(Newcomb & Hirsch, 1984)也强调社会上不同利益集团的重要性，这些利益集团在商讨媒体节目意义方面发挥了作用，他们向媒体网络施加压力，使媒体网络将所指意义纳入他们对社会经验的阐释之中(也可见 Cantor, 1979)。

媒体文化与社会

媒体文化的性质和作用取决于它们在其中传播的社会的特征。梅雷尔曼(Merelman, 1984)认为，媒体尤其是电视传播的文化，在很大程度上不同于它的政治和经济结构的价值和规范。一方面，庞大的等级制社会结构，例如联合大企业和政府部门，控制了经济和政治存在的方方面面。另一方面，媒体传播的文化表现了一种个人主义的意识形态，根据这种意识形态，几乎不受限制、对社会群体几乎不尽义务、只凭借个人力量达到目的的个体被奉为楷模。按照梅雷尔曼的分析，当代媒体文化将个体描述为凭个人力量行事的人，他们认识世界时不带有强烈的群体认同感和成员身份。再现了美国社会形象的媒体叙事中的主要神话，是个体战胜社会的神话，或个体战胜社会上所谓邪恶势力的神话。美国媒体中的美国社会的形象是一个“不受限制的文化”的形象，这种文化对个人追求成功和获得成功很少加以控制或限制。情景喜剧夸大了自发情感的重要性，由于节目编排的时间限制，它轻视了复杂的问题和社会冲突，美化对权威的敌视态度，吹捧无法无天，同时将教育和严肃的思想描绘成浪费时间。

正如梅雷尔曼(Merelman, 1984)指出的那样，这种情况的反讽意义在于这一事实：媒体文化产生于象征对个体生活进行组织限制的强有力的等级制政府组织之中。换句话说，电视网络的集中的组织权力，与在很大程度上由它们传播的虚构叙事刻画的权力分散的、平等和民主的美国社会形象之间，存在一种奇怪的分裂。

尽管电视与媒体文化一般都有助于不受限制的文化的广泛传播和生产，但是媒体并不产生这些价值。这种媒体文化能够成功地取悦于受众，原因在于，受众对此有所偏好。在其中群体从属关系、阶级结构和政治从属关系都比较密切的、紧密联系的社会中，媒体文化大概需要强调不同的应当优先考虑的事情，甚至对人们生活产生的影响要少一些。

媒体文化与社会之间关系的另一个方面在于它有助于社会整合的程度。在某种意义上，电视扩大了社会整合的规模；每一个人都潜在地与社会活动场所联系在一起。然而，正如卡尔霍恩(Calhoun，1988)所指出的那样，为公共话语提供的机会减少了。公众接收到信息，但是双向交流的机会已经完全不存在。

十九世纪的报纸植根于都市社区内部的社会网络之中，为政治以及其他类型的讨论奠定了基础，人们在各种场合下大声阅读报纸；今天，为了生存，报纸不再为社区服务，而服务于面积广大和成分复杂的大都市地区。这些地区的社会联系很薄弱，因为人们往往不在他们居住的区域工作，并经常改变住地。

无论哪一种情况，媒体都不鼓励个体之间或不同社会群体成员之间的社会联系和对话。不同群体的成员之间不存在有意义的对话，而有意义的对话可促使不同群体的成员就目标和优先考虑的事情做出共同决定。公共利益集团和平民政治运动为这种趋势提供另一种替代性方法，这表现在，他们为仅仅与一小部分公众有关的公共话语提供了论坛。

建立在媒体文化基础上的社会整合有可能越来越脆弱。这表现在七十年代美国人对大多数主要社会机构的领导作用的信任大幅度下降(Mazur,1977),同时也表现在七十和八十年代美国人对政治领袖的支持程度普遍摇摆不定,以及在全国和地方选举中投票率持续下降。

媒体文化分析表明,描述美国社会的性质最好根据核心媒体提供的社会活动场所的隐喻。某些类型的信息是广泛共享的,不同的人口群体和族群能够互相比较。另一方面,与社会活动场所再现的集合体认同的程度不是在提高,事实上,袭击其他社会群体成员的种族和族群暴力事件正在持续上升。

按照社会学对大众媒体角色的传统阐释,大众媒体广泛传播的文化符号应当促进人们在总体上与社会认同。因为,在大社会中,面对面的传播不可能是发展共识的方式,大众传播成为发展共识的方式。大众传播利用绝大多数人都能理解的固定程式,提供了大多数人能够欣赏的民族英雄和角色模型。与此同时,它们淡化了社会冲突和意见分歧。内尔森(Nelson,1976,p.17)以如下方式表达了这种观点:

> 每当我们看电视、阅读通俗杂志或侦探小说、听乡村音乐、看电影或观看职业体育比赛的时候,我们都在重新确认美国文化的信仰和价值。实际上,我们每周都用十五到二十个小时参加美国文化宗教的崇拜仪式。

实际上,正如我们所见,大众媒体似乎没有促进有关价值、规范和行为的共识;社会团结(social solidarity)正在降低而不是在提高。为了理解这种始料未及的结果,我们必须考虑文化活动场所所呈现的信息对公众的影响。一种可能是,无论虚构的还是非虚构的，信息的广度、多样性和数量都是极为不稳定的，完全不可能吸收人们的日常生活经验。结果，正像最近对新闻和新闻节目的受众进行的研究所表明的那样，人们通过转移他们的注意力来做出反应。有关娱乐节目偏好的材料表明，生活方式与对所有这些节目中的一小部分的偏好相关联（Weiss，1989；另见第三章）。此外，公众旨趣的范围非常狭隘。

一种比较悲观的解释是，个体通过将自身与再现了共同价值、行为和消费模式的生活方式认同，向充斥大众媒体的信息做出反应，这些生活方式彼此之间的差别越来越大，越来越难以让外人理解。卡斯拉特（Cathelat，1985）指出，我们正走向其中的生活方式类似于“聚居区”（ghettos）的一种文化，在这种文化中，各个聚居区的成员彼此孤立，相互猜疑。无论怎样，作为社会整合形式的媒体文化的局限需要进一步分析和探讨。

结　论

有关媒体文化范式似乎存在许多共识，正像将它用于电视分析所表现的那样。电视构成了一种文化活动场所，这个文化活动场所在建构现实和阐释重大事件和社会变迁方面发挥了重要作用。在这个过程中，它表现了内容广泛的、与各种亚群体和从属角色有关的各种观点和意识形态，但是它根据与占主导地位的社会群体，尤其与中产阶级专业人员和商人相关联的价值和行为来构架它们。观众自身在社会系统中的定位不同，他们对这种材料的阐释就各异。属于边缘群体的个体和充当更具有边缘性角色的个体，往往根据离经叛道的而非主导的价值体系阐释一些电视节目素材。

这类著述表明，电视娱乐既是陈旧定型的，又是复杂多样的。无论从艺术性上还是从意识形态上看，单个节目很可能相当陈旧和固定。只有比较序列节目编排的连贯，才能看出集合体中的复杂性和多样性。因此，显而易见，在文化活动场所的层面上，能够以各种方式探求和呈现各式各样的视角。与此同时，与个人主义、成功和个人自由有关的无所不在的信息，目前似乎与美国的社会机构的实际性质相抵触，实际上，这些信息正在产生越来越多的疏离，而非社会与文化的整合。

第三章　社会分层与媒体:被媒体充斥的社会中的受众

除了最简单的社会,在所有的社会之中,由于趣味和财产的不同,不同类型的文化产品与不同的社会阶层联系在一起。这些关系的性质是否由于在现代社会中媒体的作用被夸大而有所变化？媒体是如何影响不同的社会阶层的文化选择的？媒体本身是否对认识社会分层(social stratification)产生影响？

社会学在讨论文化偏好与社会阶级之间的关系时往往断定,不同社会阶级的特征决定了这些阶级的文化偏好。根据这种观点,教育和财富与高雅文化偏好联系在一起,高雅文化一般被界定为生产与传播受到社会精英人士控制、以他们为主顾的文化产品。其他人则消费极少要求或根本不要求教育背景的低俗文化或大众文化。

构成这种观点基础的是将文化视做一种权力形式的观念(Lamont,1989)。文化产品为公众界定现实,因而塑造了公众的态度和行为。低俗文化被认为将一种现实观强加给公众。高雅文化被视为能够用于增强或巩固一个特定精英阶层或社会阶级的地位、排斥那些缺乏欣赏它所必需的知识的人的一种资源。

在二十世纪八十年代,高雅文化与低俗文化之间的区分,开始被认为是日渐武断,而不是建立在审美内容内在差异和对不同教育程度要求的基础上。迪马吉奥(Dimaggio,1982)认为,在十九世纪,美国上层阶级通过支配和控制某些文化形式的生产和展出，向下层阶级索取高额门票，限制他们接触这些文化背景，有意制造了高雅文化与低俗文化之间的区分。社会精英将文化形式当做巩固自身社会地位的手段。结果，高雅文化开始等同于这些组织生产和传播的文化。这种文化享有最高声誉，对社会的影响最大，这是因为它拥有的资源最丰富。低俗文化或大众文化被等同于营利性组织生产的文化。

然而，在二十世纪后半叶，随着文化工业的规模和重要性日渐增大，高雅文化的相对的声誉和引人注目程度(visibility)逐渐降低。这些组织具有的权力和资源意味着流行文化开始具有影响力和重要性，即便不是声誉，而在从前，声誉专属于受精英人士控制的组织中生产的文化。电视的利润源于广告，这一事实意味着，同广告活动一样，电视节目制作人开始根据生活方式而不是根据社会阶级来界定他们的观众。相应地，在迎合社会各阶级内部的以及各阶级之间共同的各种趣味过程中，产生了节目编排的多样性。

与此同时，经营高雅文化组织所需费用大幅度增加。上层阶级再也无力补贴这些组织所需的全部费用，而不得不依赖公司的捐赠和州政府以及联邦政府的拨款。为了证明这种支持的合理性，这些高雅文化组织不得不改变它们的文化供品以便吸引更多的受众。这就意味着，这些组织的文化供品变得更加折中，将以前被认为既不属于被社会广泛接受的艺术也不属于先锋派艺术的主题和风格包括在内(Crane，1987)。

过去，研究高雅文化与社会分层之间关系的人注意的焦点，是高雅文化与低俗文化之间的内在差异，是喜爱不同类型文化的不同社会阶级成员的偏好。

甘斯(Gans，1974)认为，现代社会以不同种类的亚群体或"趣味公众"为特征，它们都有自己的一套文化偏好或者"趣味文化”。文化并不是强加给趣味公众的;公众根据自己的价值观念和受教育的程度在一系列可能性之中进行**选择**。按照甘斯的看法,趣味公众之间的主要差异是社会阶级。因为每一项文化内容都具有内在的教育要求,教育预示了文化偏好。甘斯描述了五种趣味文化及其公众:高雅文化、中上等文化、中低等文化、低俗文化和准民间文化。每一种趣味文化包括:(1)有关不同文化形式可取性(desirability)的**价值**;(2)**文化形式**本身(例如音乐、美术、文学、电影等);(3)表现这些文化形式的**媒体**(例如图书、报纸、唱片和电影);(4)不同文化偏好的**政治价值**或政策含义。在社会各阶层内部,存在以族群、宗教、地域和年龄差异为基础的亚群体,这些差异也是造成各种文化偏好的原因。尽管每个趣味公众都有其自身的一套偏好,但是这些偏好之间也存在某些相互重叠的地方——中上等公众从低俗趣味的文化中拾取精神食粮,反之亦然。甘斯(Gans,1974,p.81)认为:“这种‘骑墙’文化的模式很普遍;中上层公众会背离自己的文化而投入较低俗的文化之中,底层的趣味公众偶尔会参观博物馆或参加交响乐会。”

布迪厄(Bourdieu,1984)对这种现象做出了一种不同的阐释。他认为,下层阶级的成员不理解构成高雅文化基础的审美传统,因此,他们在博物馆里或音乐会上的体验与上层阶级的体验完全不同。根据这种观点,扩大高雅文化(例如艺术博物馆)的公众的尝试并没有真正做到向更多的受众广泛传播高雅文化。高雅文化的民主化过程不可能仅仅通过使高雅文化更易于接受来完成。在布迪厄看来,社会出身和与之相关联的文化趣味的社会化对成年人的文化趣味产生不可磨灭的影响。

按照布迪厄的看法,艺术与文化消费一般完成了使社会差异合法化的社会功能。社会阶级区别的合理性从文化趣味和行为方式角度得以证明。在这种情况下,欣赏高雅文化的趣味和知识与社会阶级密切相关,相应地,高雅文化不仅被视为一种享有盛誉的文化形式,而且也被认为给社会其他阶层的文化设定了标准。在某种意义上,只有这种文化被认为是合法的。高雅文化是文化理想。人们认为高雅文化和流行文化彼此不同,彼此之间的影响很小。布迪厄认为,下层阶级的文化趣味是由一种实用主义态度决定的:娱乐应当为他们提供办法逃避或解决他们面对的问题。相比之下,不受经济的迫切需要所驱使的上层阶级,从"为艺术而艺术"的角度看待文化。重要的是形式与风格,而非实际内容与功能。布迪厄认为"中产阶级趣味的"(middlebrow)文化矫揉造作,反映了中产阶级渴望获取上层阶级的地位而未能成功的努力。

与布迪厄不同,甘斯认为高雅文化只为孤芳自赏的一小部分公众服务。甘斯(Gans,1985)认为,美国先锋派文化越来越脱离于其他文化。它没有为其他文化设立标准,反而失去了受众的支持,尤其是青年们的支持。

另外,一些社会学家认为,文化趣味与社会阶级不再密切联系在一起(Lewis,1980; Peterson & DiMaggio,1975)。在社会阶级内部或跨社会阶级与亚群体发生联系的文化阶级或生活方式正替代着趣味公众和趣味文化。刘易斯(Lewis,1980)认为,在社会和地理流动几乎不存在的时期,以及文化变迁速度很低的时期,文化趣味与社会阶级联系在一起。在这种情况下,文化趣味是在孩童时代和青少年时代获得的,在长大成人之后几乎没有什么变化。在这种情况下,文化趣味与社会阶级之间的联系很显著。在社会和地理流动速度飞快,文化变迁速率加快的时期,文化阶级的成员通过与崛起的或上升的文化风格认同而团结在一起,这样的文化阶级不断出现和消失。这些文化阶级与社会阶级的界限并不是吻合的，这反映了这一事实，同一社会阶级的成员会从不同角度认识同一文化形式。

作为社会分层基础的从社会阶级到生活方式的这种转变，很可能反应了人们确定他们身份的方式的变化。在工业社会中，身份与生产密切地联系在一起；一个人的身份源于职业或专业。在后工业社会中，随着休闲时间和休闲活动的大量增加，经济与政治机构的价值与文化机构的价值有了脱节(Bell，1976)。结果，身份越来越建立在生活方式和消费模式的基础上。作为与符号编码认同的微妙的标志，有形的客体变得更为重要。有形的客体之所以显得比社会地位更重要，是因为人口中的很多人都享有社会地位，在这些人当中，存在许多不同的文化与符号选择。

在二十世纪后半叶，文化组织的变化，包括文化工业越来越具有中心性以及当代高雅文化日益边缘化[①]，提出了一些新的问题：(1)文化工业是怎样界定它们的受众，并因而塑造不同类型的文化的受众的？(2)媒体以受众中某些阶层为目标，是怎样影响受众中的其他阶层对媒体的反应的？(3)受众对媒体的反应是怎样影响媒体根据主题、情节和人物选择内容的？更复杂的问题是，受众从社会地位角度对自身的认识是怎样受到媒体的影响的？这个问题不可能通过现存的研究来考察。为了回答这些问题，有必要简略回顾一下社会科学家描述美国社会中各阶级的方式，这些社会科学家使用了社会经济指数，例如教育、职业和收入以及市场调查组织对生活方式的确认。

---

① 因为布迪厄(Bourdieu，1984)的著作主要建立在他于六十年代末收集的材料的基础上，他很可能低估了在美国瓦解了趣味公众和产生文化阶级的那些相同因素在法国日益增多的重要性。迪马吉奥(DiMaggio，1982)的历史研究表明，美国的文化阶层一度比现在更接近于布迪厄对法国文化阶层的描述。

美国社会中的社会分层:社会经济指数

社会经济指数显示,美国社会是由为数不多的社会阶级构成的。就受教育程度而言,存在三个阶层:在校大学生和大学毕业生(37%),中学毕业生(39%),在校中学生和小学生(24%)(The World Almanac and Book of Facts,1991)。从职业角度来看,存在四个阶层:管理人员—专业人员阶层(22%);销售人员与职员阶层(白领)(30%);体力劳动者(蓝领)(32%);农场工人、非技术熟练工人以及服务人员阶层(16%)(U.S. Brueau of the Census,1985)。将近百分之四十三的人口收入少于一万五千美元;百分之二十二的人口收入在一万五千到二万五千美元之间;百分之十六的人口收入在二万五千到三万五千美元之间;百分之二十的人口收入三万五千美元或高于这个数字(U.S. Brueau of the Census,1990,p.454)。就家庭净值和资产而言,百分之四十五的家庭少于二万五千美元;百分之三十四的家庭在二万五千到十万之间;百分之二十一家庭在十万美元这个水平上或高于这个数字(U.S. Brueau of the Census,1984)。如果看一看财产和资产的分配的话,就会看到分配更不平衡:百分之十的人口占有全国财产的百分之六十四,而百分之五十的人只占有全国财产的百分之三(Rose,1986)。

以这些统计数字为基础进行归纳,美国社会看起来就会有四个主要阶级层次:百分之十的人口属于巨富,他们几乎控制了全国三分之二的财产;百分之十六的人口属于社会底层,他们集中住在城市贫民区,毫无资产可言。其余的人口要么平均分属于中产阶级和工人阶级,要么偏重于属于工人阶级,这就看这些术语怎么界定了。被一些研究者界定为中下层的人,却被另一些研究者界定为工人阶级②。

尽管社会经济统计资料描述的是一个拥有为数不多的阶级的社会,但是,我们了解的有关消费品和娱乐偏好方面的知识,一般却表明,就趣味和生活方式而言,社会是高度零散化的(见下文)。为了提供一系列差别较大的社会阶层,有必要从衡量标准(measure)角度,例如声望和生活方式,而不是从经济地位和职业位置角度将社会分层概念化。

社会分层与生活方式

在市场研究者看来,生活方式再现了不同的文化与商品消费模式。通过利用各种要素,例如人口统计特征、地理定位和个人特点,市场研究者试图从以下方面确认消费模式,即消费某些产品与消费其他产品是联系在一起的。消费没被看做一个单一的过程,而是被认为反映了吸收了相似的购置物、态度和行为的一种方式。在社会学家看来,有形货物和休闲活动的这些选择模式,表现了它们与使用新手段界定个人身份的象征意义相认同。按照莱斯、克兰和杰哈利(Leiss, Kline, Jhally, 1986)的看法,消费者选购产品时将产品当做"向其他人传播他们与若干复杂的社会属性和价值观念的关系"的一种手段(p. 243)。

米歇尔(Mitchell, 1983, p. 4)认为,每一种生活方式都代表

---

② 赖特、科斯特罗、哈奇恩和斯普拉格(White, Costello, Hachen, and Sprague, 1982, p. 718)将工人阶级的职业界定为那些在其中(人们)"无法控制自己的工作,在工作场所,他们被排除在一切制定计划和决策活动之外,他们没有控制其他任何人的工作"的职业,他们估计,工人阶级的人口占所有受雇人口的百分之五十四。

了建立在“价值、欲望、信仰、需要、梦想和特殊视角”基础上的一种独特的生活方式。他的最新分类(Graham,1989)包括八种类别。最高层次与最低层次的类别分别对应于美国社会最富有和最贫穷的阶层。中间的六种类别代表了中产阶级内部在价值观念、地位和成就方面的区分。

另外一种研究方法将邮政编码当做生活方式的标志。魏斯(Weiss,1989)描述了与美国的三万六千个邮政编码联系在一起的四十种生活方式。他认为,邮政编码代表了对消费品、媒体和休闲活动有着不同偏好的独特社会群体居住的居民点。甚至相距很远的居民点也可能有完全相同的生活方式(Weiss,1989,p.6)。

法国社会学家卡斯拉特和他的助手们广泛地研究了生活方式。按照卡斯拉特(Cathelat,1985,p.62)的观点,从七十年代初西方工业社会经历了一个“过度分层”的过程。所谓过度分层,他指的是出现了代表不同生活方式的众多亚群体。与此同时,全体社会成员共有的规范与价值观念已经减少。在卡斯拉特和他的助手们看来,作为阶级文化概念的对等物,**社会类型**(sociotype)由两种因素组成:心性(mentalities)和社会作风(sociostyle)。心性是在社会特征(年龄、收入、住处和社会阶级)、价值观念、优先考虑的事物、理想和规范等方面,彼此相似的个体群体。在每一种心性的内部,可以在生活方式、日常习惯、世界观、消费、阅读习惯、投票习惯和社会选择差异基础上界定社会作风的亚群体。

在八十年代中期对一万多名美国人所做的调查的基础上,艾琳和卡斯拉特(Allien & Cathelat,1988)确定了十一种生活方式,这些生活方式代表了多种独特的消费和娱乐趣味、政治观点、事业目标和社会态度以及社会行为。每种生活方式都与一些不同的社会经济特征，如年龄、性别、职业、教育、收入和种族等联系在一起。只有在教育和收入基础上，才能将这十一种生活方式归属于三个独特的阶层（上、中、下）。然而，这项研究表明，在这三个社会阶级内部，由于年龄、性别和种族的缘故，存在三四种独特的生活方式。

正如我们将看到的那样，媒体也从生活方式角度而不是从社会阶级角度界定他们的受众。

核心媒体——电视和电影的受众

在所有的媒体中，电视吸引的受众最多。与在整个放映过程中观看一部极其成功的电影的观众人数相比，在一周之内观看一场特别电视节目的人数要更多。百分之九十八的美国家庭拥有电视：电视平均每天打开七小时（World Almanac，1989）；普通成年人每天看电视三至四小时；妇女看电视的时间比男人看电视的时间长，老年人看电视的时间多于年轻人（Stacey，1985）③。

电视受众经常被描述为大众。可是，赫施（Hirsch，1980）宣称，这种电视受众观念已经过时。他说："这种观念臆断了由消极的和对媒体内容不加以选择的接受者组成的一种同质的受

③ 罗宾森区分了三种程度的观看：一级观看（primary viewing），看电视时专心致志；二级观看（secondary viewing），人们一边看电视，一边做其他事情；三级观看（tertiary viewing），电视开着，却没有人看。根据罗宾森的研究，电视收视率显示的数字，如尼尔森收视率（见 Stacey，1985），既包括一级观看，也包括二级观看花费的时间。他的研究表明，成年人每天一级观看的时间是两个小时。年龄与一级观看的小时数成正比。

众，这些受众都以同一种方式使用媒体。"(Hirsch，1980，p.76)

按照赫施的观点，三个主要电视网络事实上将他们的受众界定为几个市场。赫施(Hirsch，1980)说："每一个电视网络首先关注的是，根据广告商要求的人数来增加受众的数量。"(p.77)正因为这样，他们没有通过迎合特定的趣味来增加受众的整体数量，而是增加他们在现存受众中的比例。赫施说明，"商业竞争就是争夺一个稳定市场上的市场份额。"(p.78)更确切些，网络从几个不同的市场角度出发，将它们的受众概念化，这样做取决于每天的时间和每一个时间段上观众的人口特点。然而，它们的目标并不在于争取最小公分母，就像人们经常所说的那样。相反，它们的目标是在特定的时间档上购买力最强的人口群体：白天的中产阶级妇女和夜间的中产阶级男子。

事实上，正如生活方式和对特定电视节目的偏好之间的关联所显示的那样，电视受众的趣味似乎与生活方式密切相关。在五十二个主要电视节目中，只有一半得到魏斯所确定的四十种生活方式中一两种生活方式的人的强烈偏爱(Weiss，1989)④。只有九个节目(17%)受到从属于四种以上生活方式的人的强烈偏爱。没有一个节目受到八种以上生活方式成员的强烈偏爱。

弗兰克和格林伯格(Frank & Greenberg，1980)在电视受众内部确认了十四种独特的兴趣团体，每一个兴趣团体都选择不同的节目组合。这些兴趣团体的成员在选择其他类型的媒体和休闲活动时也不相同。尽管这些兴趣团体与受教育程度和社会阶级层次相关联，但是，在每一社会阶级内部趣味有很大的差别。例如，其中的五个兴趣团体主要由中年人和工人阶级构成，但是这五个团体中有两个团体花费大量时间看电视，其余三个

④ 作者根据魏斯(Weiss，1989)提供的数据计算出来的。

团体则不然。在以大量使用其他媒体为特征的的九个兴趣团体中，有四个团体也大量使用电视。这九个团体的成员大部分是年轻人，但是他们来自各种社会阶级背景⑤。简单地归纳一下，十四个兴趣团体分四类：

1. **消费所有媒体的类型**。由四种兴趣团体组成，其成员为年轻人，来自各个收入阶层，大量消费所有媒体。
2. **消费边缘媒体的类型**。由五个兴趣团体构成，成员主要来自高收入或中等收入阶层，其中既有年轻人又有中年人，他们消费边缘媒体，但不消费电视。
3. **电视迷**。涉及到两个比较老的工人阶级兴趣团体，他们只消费电视。
4. **疏离媒体的类型**。包括三个比较老的工人阶级兴趣团体，他们既不消费电视也不消费其他媒体。

在过去二十年中，好莱坞的电影制片厂一直集中资源制作耗费巨资的大片，吸引各个年龄群体和性别群体（见第四章）的影片。即使是这样，按照电影领域的一位市场调查专家的看法，“绝大多数电影不是耗费巨资拍摄的大片，因为不同影片吸引了具有不同人口特点和电影兴趣的不同受众”（Earnest, 1985, p. 4）。

电影以年轻人为目标甚于电视。尽管广告预算的数目巨大，一般占影片全部成本的三分之一，但是，一部影片的成功在很大程度上取决于它在一座城市公映之后马上出现的口耳相传的荐举。为了维持公众对影片的意识和相应地维持上座率，需

---

⑤ 甚至吸引受教育程度、收入相对很高的受众的公共电视，也有选择地从具有这些属性的人口中吸收受众。

要使用口耳相传的荐举，这一事实表明，成功的影片吸引具有相似生活方式的人们。看电影本身或许就是某些生活方式的组成部分，这一迹象符合如下事实：许多市场调查的对象报告说，有些电影他们看了许多遍。

边缘媒体——广播和杂志的受众

电视出现之前，广播网和杂志在全国范围内服务于几乎毫无差别的大量受众。一旦电视开始被广泛接受，其他类型的媒体被迫使它们的活动面向专门化受众(Hirsch，1978)。

在过去的三十五年中，由于电视参与竞争广告的缘故，全国性的广播网最终瓦解，广播电台认识到，受众中的特定阶层对流行音乐有独特的偏好。直到二十世纪七十年代，每一家广播电台还试图服务于单一受众内部的各个亚群体。在二十世纪七十年代，调频广播电台(FM)通过提供一系列范围有限的音乐风格，使用复杂的市场研究技巧，开始以特定的受众为对象。广播电台广播变得越来越零散化，以数量有限的、具有高度专门化音乐趣味的人口阶层为接受对象(S. Greenberg，1985)。

尽管销售给广大受众、具有普遍旨趣的杂志很难生存，但是，以对某些特殊主题有浓厚兴趣的小读者群为受众的杂志(Compaine，1980；Carmody，1991)却办得很成功。在后电视时代，这类杂志发展得最为迅速。康佩因(Compaine，1980)认为，产生这类杂志的市场的原因有，大学升学率大幅度上升(将近50%的高中毕业生上大学)，要求专门化技术教育和专长的专业工作和管理工作增多了，最后，从事业余活动、运动和旅游等休闲活动的人数增多。换句话说，杂志为了生存，没有以所有受众为接受对象，而是根据受众的趣味、兴趣和价值观念将自己的受众概念化。

图书出版商应付市场的方法各不相同：少数几家大出版公司以广大受众为对象，而小出版公司则服务于高度专门化的趣味。某些体裁的小说取悦于具有极为特定的趣味、价值观念和知识兴趣的个体，这些极为特殊的趣味、价值观念和知识兴趣使个体们相互甄别，形成社会群体。例如，据说科幻小说爱好者形成了一个社会群体，这个社会群体由作家组织和读者组织组成，他们经常以名为“爱好者杂志 ”(fanzine)的业余出版物和定期会议为核心举行活动(Bainbridge，1986)。一些爱好者杂志使用名为“狂热者”(Fannish)的一种特殊科幻小说俚语。社会网络在民用波段(CB)电台的听众(Kerbo, Marshall & Holley，1978)和传奇小说读者当中也得到了认同(Schiffman & Schnaars，1980)。

受众对媒体界定的反应

实际受众的特点并不完全与不同媒体对它们的界定一致。一部特定的影片、电视连续剧或其他媒体的受众的性质，在一定程度上与一些特定的文化组织界定或争取其受众的方式联系在一起，与受众界定自身的方式联系在一起(Cantor & Cantor，1986)。换句话说，如果一些特定的文化组织不恰当地或不够全面地界定受众，潜在的受众会通过收回注意力，或向这些组织施加压力，迫使它们以各种方式改变产品来做出反应。例如，艳情小说的读者发展对色情和女性主题的趣味要比出版商能够或愿意提供这类材料的速度快得多(Schiffman & Schnaars，1980)。

在某些情况下,一个特殊体裁的新受众可能会出其不意地出现。在这种情况下,生产者发现有必要在短期内使内容产生重大转变。几十年来,肥皂剧的受众主要是中下阶级的家庭主妇和与住在郊区的家人和朋友相隔绝、社会地位向上流动的家庭主妇。在二十世纪七十年代晚期,这些节目吸引了一种比较年轻的新受众,他们主要是中产阶级大学生和工作的未婚大学毕业生。正如莫德尔斯基(Modelski,1986)所指出的那样,在某种意义上,肥皂剧体裁的性质是观看肥皂剧的家庭主妇生活的镜像:几个联系松散的情节、频繁的中断和定期出现的关子,这一切与没完没了的故事内容结合在一起。这些节目与异常忠实的受众共同回忆发生在十年前或更长时间以前的事件。在另一方面,这些节目展示了一幅和谐的郊区社区图象,这种图象与现实并不一致,但是,它有可能满足受众成为这类社会网络组成部分的愿望。

较年轻的新受众处于完全不同的工作和教育环境中。这些年轻的观众不大热衷于这些节目,他们寻求的是兴奋和性刺激。短短几年之内,一些肥皂剧被改头换面以适应这些新观众的需要,现在,剧中出现了较年轻的人物,更加现代、迎合高层次消费者的用具和充满异国情调的新场所,而不是从前的小镇和郊区背景。这些新节目讲的都是些快节奏的历险和神秘故事,而不是聚焦于错综复杂的人际关系。

全国性文化组织不能成功地取悦于它们的受众,这一点可从电视节目、电影、流行歌曲和杂志的高失败率上看出来。例如,电视网试图推出的最新的电视节目显示出,其中大多在几周或几个月内失败。只有十分之一的电影卖座;极少数的成功之作补偿其余所有的失败之作。相似的失败率是流行音乐业和杂志业的特点。

无论电影还是电视剧，在很大程度上都从中产阶级视角表现现实，这一事实对公众的影响几乎不为人知。与统计调查的数据相比，对白天和黄金时间播放的电视剧中人物的职业的分析表明，蓝领职业得到充分再现，而专业职业和管理职业则被极度再现(Cassata & Skill, 1983; Greenberg, 1980)。对这种扭曲的一种反应是受众减少。从上文中探讨的事实即可看出，公众中某些老的工人阶级阶层几乎不看电视，不消费任何其他类型的媒体。

此外，某些成功地争取到受众的节目和体裁能够使一些受众全力参与，这些受众包括：对肥皂剧异常忠诚的观众、每个月阅读二十或三十本传奇小说的狂热爱好者和与朋友一遍又一遍观看同一部电影的狂热崇拜影迷(例如，"落基恐怖影片展播"[The Rocky Horror Film Show])。人口特征的变化能够使一些群体更易于形成文化爱好者或文化崇拜者组成的社会共同体(social communities)。正如培根—史密斯(Bacon-Smith, 1991)指出的那样，由于适合的男性的人口特征发生变化，中年妇女结婚的可能性降低了，她们极有可能形成科幻电视连续剧爱好者的社会共同体。

结　　论

正如我们所看到的，不可能完全从社会阶级的角度来理解媒体受众。媒体生产主要以中产阶级内部的特定阶层为对象，可从年龄、性别和生活方式角度界定这些阶层。工人阶级在很大程度上不存在于这些媒体生产之中，表面上看，这个阶级的某些阶层对这种遗漏做出的反应是完全逃避媒体。

媒体成功地以某些群体的兴趣为目标,这些群体的反应就是不遗余力地参与媒体节目。然而,受众的兴趣随着时间的变化而变化和演变,有时候变化和演变的速度相当快。结果,个别节目和全部体裁必须对这些变化做出反应,否则就会失去它们拥有的大部分受众。媒体生产的高失败率表明,媒体和受众一般很难步调一致。

然而,边缘的全国性文化的持续零散化意味着,内容日渐被改变以适应特定社会群体生活方式的需要。他们接受的文化尽可能地被用于反映他们在特定时期内的趣味、兴趣和态度。正因为这样,它被用于证实他们的世界观和自我形象,而不是向他们的世界观和自我形象提出挑战。这种类型的文化尽可能反映消费者自身的形象。

第四章　全国性文化工业中的文化生产

三种主要文化工业(电视、电影和流行音乐)组织生产出产品向全国和世界绝大多数受众发行。其他几种文化工业组织,例如,出版业、有线电视、杂志和广播在全国范围内向数量较少的受众传播文化,这些组织在这个领域的边缘发挥作用。在这两种情况下,内容和受众的特点受到了公司政策的影响,而公司的政策则取决于这些组织之间竞争的程度,这些组织经常随着市场状况的变化而变化。对这些组织的研究绝大部分一直使用文化生产的研究方法,这种研究方法聚焦于全国性文化工业的结构和组织管理,全国市场决定它们对文化产品的影响[①]。

分析全国性文化工业的市场结构借助于经济学中的有关寡头垄断的理论(Peterson & Berger,1975)。文化工业一般受到少数几家大公司的支配,它们控制了大部分文化产品市场。按照经济理论,这类寡头垄断组织创新的可能性不大,它们很有可能对产品做一些改头换面,以此向市场情况的变化做出反应。

工业结构的类型对文化活动场所中的文化特点具有重要影响。属于寡头垄断的公司以最大限度获得利润的方式选择文化产品。这必然无法做到提供消费者之所需。因为每家公司都在

---

① 说明这种研究方法的例证和评述,见 Peterson(1976,1979);对它的评论,见 Tuchman(1988)

试图获得大众市场最多的份额,寡头垄断组织的成员之间竞争激烈,但每一家几乎都没有创新动力。这些公司更倾向于避免与创新联系在一起的风险,乐于生产高度标准化的和同质的产品。每一家寡头垄断公司都试图销售取悦于大多数消费者而不开罪人口中主要亚群体的产品。相同的模式预示了这样一种情况,当这些公司由于失去了对它们的市场的控制而面临日渐增多的竞争时,它们被迫进行创新,利用标准化程度不高的内容来销售它们的产品。

在本章中,我将讨论这种模式是如何成功地解释全国文化工业组织的行为,以及它们传播的文化产品的性质。马克思主义和新马克思主义理论认为,文化工业传播的文化产品反映了社会经济精英的价值观念。相反,有人可能认为,根据文化生产的观点,文化产品的特点受到这些公司面临的市场性质的影响,同时也受到它们的规模和财力的影响。它们对各种亚群体,尤其是边缘亚群体的需要和兴趣做出反应的程度,在一定程度上取决于市场的波动。在某些情况下,例如就流行音乐而言,这些工业产生的文化产品所表现的价值观念经常更接近于反文化的价值观念,而不是接近于公司中的精英们的价值观念。

尽管主要文化工业中的组织在二十世纪五十和六十年代受到市场动荡的严重影响,但在八十年代,它们看起来已经越来越能够抵挡住这类压力了。因此,伯内特和韦伯(Burnett & Weber,1988)认为,主要大公司采用既能应付小公司又能应付消费者的新策略,来维持它们对流行音乐工业的控制。在寡头垄断控制的模式中,市场结构决定了文化变迁的水平,这种模式需要用一种新模式来取代,在这种新模式中,市场结构不再是决定创新程度的重要因素。当大大小小的公司越来越趋向于相互合作而不是相互竞争,市场的结构就会保持稳定,但是大公司对市场的控制比以前增多了。

主要文化工业的结构:战前与战后时期

在三种主要文化工业当中,有两种文化工业(电影业和流行音乐行业)的历史可被划分为三个独特的时期:一九〇〇年至一九四八年;一九四九年至一九七〇年;从一九七〇年至今。这两种工业都源于二十世纪初,在二十年代形成寡头垄断。在一九四九年以前,这些大公司控制它们的市场,在这一年,电视的出现和高等法院做出的一项反托拉斯决定,迫使它们做出调整以适应新的形势。从一九四九年到一九七〇年,这些工业经历了促使其产品性质发生重要变化的时期。在始于七十年代的第三个时期,这些公司被联合大企业接管,采用了增强市场控制的新的管理方式。

在电影业发展的早期阶段(1894—1908),有几百家小公司,每一家都在这项工业的三个分支(生产、发行和放映)中发挥作用,但是,这些小公司迅速被控制这个行业三个方面的寡头垄断公司所取代。从一九二〇年到一九四八年,美国电影史上所谓的制片厂时期,主要公司控制了大部分电影院,这是它们控制电影业的一个非常重要的因素。莫尔特比(Maltby,1981)认为,这是寡头卖主垄断控制电影业的关键所在。通过给予彼此的产品以优惠和生产造价昂贵的产品,他们能够阻止独立的制片人与自己竞争。依靠首轮放映的电影院获取利润,能够生产造价昂贵的影片和延揽索价极高的明星。独立制片人只好去拍摄二流或B级影片。

在同一时期,主要唱片公司依赖错综复杂的公司网络,这个公司网络经营这个行业各方面的业务，从唱片零售业到播放唱片制品以便吸引公众注意力的广播电台(Peterson & Berger, 1975)。它们控制了唱片零售业，这意味着，它们能够阻止唱片传到经营小公司和独立发行人的唱片的零售商手中。如果一家小公司生产出一张轰动一时的唱片，大公司立刻能够生产出它们自己的同类唱片，进行销售。作为展示其产品的手段，广播业对于唱片业至关重要。主要公司与广播网有着合作关系，广播网确保向观众播放它们的唱片。

彼得森和伯格(Peterson & Berger, 1975)认为，由于这一时期的流行音乐已经不再反映新的音乐潮流，潜在的消费者逐渐离开市场，因为他们的趣味没有得到满足。一九五四年的唱片销售总量略微少于一九四八年，尽管这一时期的经济与人口普遍增长。唱片公司的无能为力也表现在，没有被大众媒体商品化的音乐的数量激增，例如爵士乐、节奏布鲁斯和都市民间音乐的复兴，它们通过现场演出的演奏者得以传播。

在二十世纪五十年代初，电影制片厂和唱片公司都失去了对市场的控制。高等法院在一九四九年做出的反托拉斯决定，迫使电影公司与它们的连锁电影院脱钩；这就使得它们更无法抵挡来自电视方面的竞争，电视在一九四一年就已经具有定期播放的基础(Pryluck, 1986, p. 130)。电视的成功使得广播网变得无利可图，使唱片公司失去了它们播放唱片的主要系统。

动荡的组织环境与寡头卖主垄断控制面临的威胁：一九四八年至一九七〇年

鉴于寡头垄断组织控制了文化市场，文化供应方面的重大变化是怎样发生的呢？答案在于，这些工业时常经历动荡，这些动荡是威胁到它们对市场控制的技术、人口和社会的变化造成的。在动荡的环境中（Emery & Trist，1965），市场如此变幻莫侧，以至于如果它们产品的性质不发生重大变化，经营管理就无法适应变化的状况。文化组织环境中真正的动荡似乎发生在很短的时期内，它往往与公众评价文化产品的标准发生突变的时期联系在一起。传播新型文化素材的新组织最有可能在这时候出现。

在二十世纪五十年代，唱片公司和电影公司都经历了动荡。与此同时，来自电视方面的竞争与这些工业组织的结构变化和观众人口特征的变化交织在一起，这就使得这些公司的产品销售难上加难。

在五十年代中期，唱片业的动荡时期持续了大约三年。这与主要唱片公司失去对播放其产品的系统——主要的广播网——的控制同时发生，主要广播网消失的原因在于，它们无法与电视竞争广告。这个系统被小规模的、地方的、独立的广播电台所取代：这类广播电台使用新的节目编排：每天二十四小时演奏被录制的音乐。这些电台为小唱片公司提供了市场，小公司数量激增。小公司倡导了摇滚乐这种新的流行音乐风格（Peterson & Berger，1975），这种新音乐通过独立的广播电台播放。无论就其声音还是就其歌词而言，这种新音乐反映了受众中青少年阶层的趣味，这些歌声和歌词比较重视政治，性感外露。这一时期正是人口和政治变化增强这部分受众的影响和购买力的时期。

按照彼得森和伯格的看法（Peterson & Berger，1975），五十年代中期的动荡时期之后，是六十年代初的稳定和巩固时期。紧随其后是另一个多样化时期，这一时期从一九六四年持续到一九六九年,在此期间,出现了大量的唱片公司,其中包括在创作和生产自己的音乐方面有很大自主性的重要音乐家控制的小公司。从以下事实可以看出市场动荡的程度,有两家最重要的公司被挤出寡头垄断组织(尽管在六十年代末又返回);两家新公司(其中一家为黑人所拥有)进入了前四名。正像寡头垄断模式所预示的那样,在这一时期音乐的创新的程度是很高的(这一时期被称为摇滚乐的黄金时期)。主要公司被迫创新以维护自身在唱片工业中的地位。然而,到了二十世纪七十年代,主要唱片公司已经重新控制了唱片业。从那时起,唱片业受到六家公司的支配,其中的两家在四十年代跻身于四家最重要的公司行列。

在电影业方面,在一九四九年,当主要电影公司对发行自己影片的连锁影院的控制被取消后,出现了类似的动荡时期。与此同时,电视的节目播放开始动摇了电影受众的基础。电影业的动荡时期一直持续到六十年代。电影史家乔伊特(Jowett, 1976)描述说,在这一时期,电影业处于"混乱状态"(p. 428)。越来越难以确定什么样的电影能卖座:电影还是有受众的,但是受众的反应和趣味比从前更难以预测。电影公司无法探明受众自身变化的趣味,它们越来越依赖于独立的电影公司来制作它们资助和发行的产品。到一九七〇年,电影业结构中寡头卖主垄断的程度同一九四八年相同,最重要的十家发行公司获取总收入的百分之九十五;在一九四八年,最重要的八家发行公司获取了相同份额的总收入(Phillips, 1982, p. 329)。

主要文化工业的结构：一九七〇年至一九九〇年

从一九七〇年到一九九〇年，电影、电视和唱片工业的市场结构仍然非常相似，尽管这些公司的所有权经常发生变化，引进了新型传播技术。从六十年代晚期开始，这三种工业中的主要公司被联合大企业购买。联合大企业是二战后在美国兴起的一种新型控股公司，它被定义为“在几个不相关的领域内有重要利益的多样化的公司”(Ballio，1988，p.303)。在这段时期的大部分时间里，十二家媒体联合大企业拥有三家电视网络、重要唱片公司和数量可观的出版公司[②]（也可见 Bagdikian，1987；Gomery，1984；Monaco，1979）。五家主要唱片公司是大型电子或通讯联合大企业的子公司）。这些公司既出售软件又出售硬件，能够生产图书、电影、唱片和录像带之间相互关联的产品(tie-ins)，从而有助于为它们做广告和销售这些产品[③]。在七十年代和八十年代，由于联合大企业经营的接管和合并，一些公司和联合大企业不断地易手。

---

② 除了电视业务，ABC(美国广播公司)还经营广播、唱片、图书与杂志出版、电影和户外娱乐活动等业务。在八十年代中期，它被另一家联合大企业，都会城市通讯公司收购，这家企业经营广播、有线电视和出版业。CBS(哥伦比亚广播公司)经营唱片、乐器、图书出版、杂志出版和商用机器等业务。RCA(美国无线电公司)，除了经营 NBC(全国广播公司)之外，还经营电子、唱片、出版、广播、速冻食品和地板材料等业务。

③ 这些公司是 RCA，BMC(贝塔斯曼音乐集团)的分公司；EMI 唱片公司，Thorn-EMI 的分公司；宝利金，菲利浦公司的分公司；WEA 唱片公司，华纳通讯公司的分公司；还有 CBS，索尼公司的分公司(Burnett & Weber，1988)。许多在八十年代红极一时的歌曲是电影歌曲(Frith，1988)。

这些工业中的公司设法应付影响它们的文化产品销售策略的限制，例如巨额成本和生产新材料的复杂性，以及它们产品的可销售性的巨大的不确定性。普通故事片的生产成本稳步上升：在一九四一年生产成本是四十万美元；在一九七二年是二百二十万美元；在一九八〇年是一千万美元；到了一九九〇年则达到二千六百八十万美元（Phillips，1982， p. 331； Rohter，1991； Stevenson，1991）。市场需求几乎无法预测。在八十年代只有百分之十的美国电影赢利。在电视出现之前，十部电影之中有九部赢利（Phillips，1982，p. 331）。在所有唱片之中，只有一小部分（大约 10%）能够保本（Frith，1987，p. 68）。尽管存在这些限制因素，那些最大的公司成功地维持对这些工业的控制，似乎越来越有能力抵制动荡时期的侵袭。

音乐公司采用一些新的策略以保持对市场的控制。主要公司生产唱片，但是它们一般从曾在小公司灌制过唱片的音乐家中进行挑选。它们不把小公司制作和发行的红极一时的歌曲转录成自己的产品（转录制品），相反，它们开始从独立的、自由的制作者那里购买素材。赫尔曼（Hellman，引自 Frith，1987，p. 71）宣称，目前，小公司为大公司提供实验市场，它们之间存在一种共生关系。大公司也购买许多最成功的独立经营的公司，将这样的公司当做彼此之间可以竞争的独立分公司，吸收到自己的组织当中。与此同时，大公司加紧了对发行渠道（例如无线电广播）的控制。这些电台逐渐将播放的节目限制在少数红极一时的唱片上，这对于主要唱片公司的唱片销售更加有利。近年来，电台节目播放表上红极一时的歌曲的数量已经从四十首降低到十五至三十首（Belinfante & Johnson，1983）。

这些形形色色的策略产生的结果是，到了一九八〇年，流行音乐工业中的八家公司集中比例（8-firm concentration ratio）高于一九四八年[④]。四家公司的比例几乎同一九五五年前同样高(Rothenbuhler & Dimmick,1982)。这意味着,比例逐渐增大的流行音乐产品是由数目逐渐递减的公司生产和发行的。在流行音乐工业之中,在一九八〇年,除了十家最大的公司,大约三十六家中等规模的公司和十五家小公司每家至少生产出一首红极一时的歌曲(Anderson, Hesbacher, Etzkorn, & Denisoff, 1980)。[⑤] 罗森布勒和迪米克(Rothenbuhler & Dimmick,1982, p.148)得出结论说:"走红的音乐产品日益受到少数几家非常大的公司的控制。"在这个十年期的末尾,受众再次撤离市场,唱片的销售一落千丈。然而,八十年代初期的一项创新,音乐录像节目重新激发了公众对流行音乐的热情,使大公司增加了利润。

尽管目前市场结构依然很稳定,大大小小的公司互相合作而非互相竞争,大公司对唱片业的控制摇摆不定。与电影公司和电视网不同,唱片公司不能仅仅从小公司推出的新作品上抽取佣金。主要公司无法预测新的音乐潮流,这些新的音乐潮流往往转瞬即逝,原因在于最有影响力的消费者是青少年。当青少年中新的同龄人群体进入唱片市场,创新的幅度就会摇摆不定。唱片公司要想与它们潜在的消费者保持联系,就不得不在主要城市和城市周围的夜总会和会堂演奏的几千家小型摇滚乐队中发掘人才。根据新模式(Burnett & Weber,1988),新的音乐风格是作为一种反文化而出现的,随着新一群同龄人进入青少年时期,它就开始流行起来。这种音乐之所以成功,原因在于,它使这个群体脱离成年人,作为青少年反叛的象征而发挥作

---

④ 集中比例是四到八家最重要的公司在某一年内控制市场的比例(Peterson & Berger,1975, p.171)

⑤ 克普(Koepp,1985)估计,将近有二千家制作音乐的小唱片公司的产品没有广阔的商业前景。

用。由于每一个新的年龄段群体都寻求一种多少有些不同的音乐来认同,所以音乐潮流一直在变化。大公司对这些潮流的反应是,将它们吸收到产品中。一种新的音乐潮流正确立地位的时期,音乐产品多样化程度也就高些(最畅销的、不同的文化产品的数量表明了这一点)。一旦这种潮流为主要公司所吸收,多样化的程度就会下降。

新模式只是部分地适用于电影业,因为这些公司一般与小公司签约来生产它们自己的素材。在过去的二十年里,主要公司依靠小公司创作大公司发行的影片。小公司提供脚本和主要的有创造能力的员工,而制片厂提供资本。然而,这些所谓的独立制片人在很大程度上受制于主要公司管理人员的控制和影响(Pryluck,1986,p. 131)。他们考察了几百个项目,对其中一些做了计划,但只有一小部分被拍摄成电影。这些电影中只有极少数非常成功。电影似乎并没有为青少年的反文化提供主题。相对来说电影业脱离它的公众,部分原因在于它位于落杉矶,部分原因可归咎于它从精英的小圈子中雇用人才这种倾向。正如福克纳(Faulkner,1983)指出的那样,制作这些影片的人构成了一个小的相对封闭的内部圈子,圈子中的人一遍又一遍地重复制作。甚至电影学院也用电影工业的审美价值观念和视角培养学生(Henderson,1990)。

与此同时,制作和发行影片需要巨额成本,在这方面,这些电影公司要比唱片公司有更大的市场优势。因此,在这一时期,电影工业的结构一直非常稳定。在一九八三年,最重要的六家公司获得了电影业总收入的百分之八十九(Gomery,1984)。

自七十年代以来,由于市场的不确定,主要电影公司的活动局限于每年拍摄几部造价昂贵的影片(耗巨资拍摄的大片)上。这种模式始于七十年代初,一直持续到整个八十年代。这种策略是建立在如下假定基础上的：对于大多数公众而言，看电影不是一种定期习惯；只有当影片是场面宏大的巨片时他们才可能去观看(Phillips，1982)。销售已经成为预算的一个重要组成部分；一般说来，一部耗巨资拍摄的影片三分之一的预算将花在广告上(Monaco，1979)。标准的一贯做法是利用广泛渠道，例如电视、出版(平装本的电影故事)和销售T恤衫以及其他含有电影故事主题的物品，渗透潜在的市场。

鉴于电影市场高度稳定和集中，同时还由于这些公司对文化产品创作的控制程度很高，电影业中缺乏多样性就不足为奇了。多米尼克(Dominick，1987)指出，从一九六九年到一九七三年，好莱坞电影内容多样化程度最高(用对少数几个体裁的集中来衡量)，在当时，独立经营的电影公司生产的影片的数量最多，从那段时期以后就呈下降趋势⑥。从一九六九年到一九七三年，各主要公司拍摄的影片内容多样化程度最高，从一九七九年到一九八三年，这些影片内容也最缺乏多样化。从六十年代早期以来，三种体裁——戏剧片、情节冒险片和喜剧片——占这些影片的三分之一。

由于联合大企业生产的影片模仿以前的成功之作和重复使用旧主题，联合大企业所有制遭到莫纳科(Monaco，1979)痛斥。福克纳和安德森指出(Faulkner & Anderson，1987，p. 904)，电影导演与其说是因为艺术创新而获奖，不如说由于经济成功而获奖。创新与影片的经济成功成反比，因此，创新往往遭到反对，因为影片票房收入低的导演不大可能再次被雇用。由于生产成本上升，风险也就增加了。而内容的多样性却降低了。主要公

⑥ 建立在量性数据基础上的这种评估与电影史家和批评家贾维(Jarvie，1979)所作的质性评估相一致。

司生产的影片越来越相似。

总之，从一九七四到一九七八年，电影业经历了一段巩固时期，在此期间，生产成本上升，但片租收入和利润也上升了。这种情况导致影片内容多样性下降，这表现在续集和再版的增多，同时表现在对耗巨资拍摄的大片的依赖性越来越强。就主要公司而言，七十年代末和八十年代初是一个极端保守的时期，在此期间，所有的这些趋势变得更为突出。

换句话说，电影业不同于流行音乐工业之处在于，在八十年代，高度集中并没有伴随内容的多样性，高度集中是就利润流入少数几家公司的比例而言的。部分原因在于这一事实：与流行音乐工业相比，电影工业中的创新更多地与风险联系在一起。事实上，组织一支新乐队要比组织名声已经确立的乐队更便宜，因为新乐队成员要求的工资比较低。与流行歌曲相比，主要公司生产的影片不大可能像流行歌曲那样被受众用做建立他们身份的手段，尽管风靡一时的影片，如某些恐怖影片和科幻影片，很可能会充当这种角色。从六十年代初到八十年代初，独立经营的公司生产的影片数量翻了一翻（从所占比例的 11% 到 27%）（Dominick，1987），这一点值得注意。然而，尽管独立经营的销售商在一九八三年发行了三百零三部影片，但这些影片只获得当年全部票房收入的百分之四。

在八十年代末，电影业开始面临越来越多的、来自有线电视公司、付费电视公司（pay-per-view）和家庭录像商店的竞争，但是几乎没有迹象表明这将导致它的产品多样化程度增强。由于电影业对国际电影市场具有支配地位，它似乎有效地脱离了实际的竞争。在一九五二年，美国电影工业在国外市场的收入占总收入的百分之四十二，在七十年代，占总收入的百分之五十到百分之五十五（Phillips，1982，p. 332）。

在九十年代，从国外电影市场获得的收入占票房总收入的将近百分之五十。随着来自其他媒体的竞争愈演愈烈，这些收入显得越来越重要。全世界每年总共生产三千六百部故事片，其中百分之十是美国片，美国片占据了全世界电影放映时间的百分之五十，整个票房收入的百分之五十（Compaine，1982：251）[7]。

美国电影在国际市场占据主导地位，是因为其主要电影公司已经在全世界建立了最广泛和最有效的发行组织（Phillips，1982）。为了获得大量受众，其他国家的制片人必须经常使用美国的发行网络。美国人拥有的发行公司不仅经营美国电影在国外的租赁业务，而且也发行外国制片人制作的电影。此外，他们拥有巨额资本，这就使得他们能够生产出大量供发行的影片。追求既有国际吸引力又有国内吸引力的影片内容是促使电影作品更加雷同而缺乏创新的另一个因素。

从八十年代末开始，外国电影公司对电影工业产生更多的影响。外国公司购买了好莱坞电影制片厂的股份，或者将其全部买断（日本人经营的索尼公司买下了哥伦比亚影片公司）。两家法国电视公司作为主要角色在国际舞台上崛起，它们资助它们能够提供市场的影片，它们与好莱坞的电影制片厂合作生产影片（Canby，1991）。然而，这些公司往往喜欢生产与好莱坞制片厂生产的同类的耗费巨资拍摄的大片，因为这类影片仍旧走红国际市场（Canby，1991）。尽管电影业需要新的游戏者，但是游戏规则却不大可能改变。

---

⑦ 相比之下，外国电影公司在美国电影市场发挥的作用小得多。六十年代初期是外国电影在美国发行的高峰时期。从那以后，艺术影剧院联线衰落，这就使得发行外国电影耗费更大（Phillips，1982，p. 334）。

寡头垄断模式与电视工业

直到八十年代末，在三种主要的全国性文化工业中，电视的集中程度依然最高。三个网络——美国广播公司(ABC)、哥伦比亚广播公司(CBS)和全国广播公司(NBC)——从四十年代末有正常的电视播放开始，就支配了电视工业。与其他两种文化工业不同，这种工业几乎没有经历过动荡。来自有线电视和付费电视方面的竞争的增多，同时还有第四个网络(福克斯广播公司)的出现，没有促使它们大幅度改变产品的特征，个中缘由下文再作讨论。

在选择供传播的文化产品方面，这些公司的经营管理采用了什么策略？这些公司的经营管理层愿意让公众们相信，通过提供消费者所需之物，或换句话说，通过满足消费者的需要从而使它们的产品尽可能多地吸引受众，维护了它们在这项工业中的地位。例如，电视网取消节目最常用的理由就是尼尔森收视率很低。[⑧] 事实上，消费者的需要比不上满足广告商对吸引目标受众的需要那么重要。因为电视台向广告商销售广告时间档，所以广告商赢得特定种类公众的目的影响了网络广泛传播的产品的性质。在广告商看来，十八岁到四十九岁的中等收入者是最理想的受众。

然而，最近的一项研究(Wakshlag & Adams，1985)表明，无论与收视率还是与人口因素相比，其他两种因素都更重要，这两

---

⑧ 尼尔森收视率采用代表性的家庭样本，评估收看特定节目的有电视家庭的数量。

种因素是:(1)与网络从电视连续剧获得的利润率相关的这部连续剧的成本;(2)对标准化内容的偏好和对不同寻常的内容的成见,尤其当这种内容需要较高的生产成本时。从一九七四年到一九七九年,被取消的黄金时间的节目有一半以上收视率很高,有充分的理由将这些节目继续办下去。显而易见,这种表面上似非而是的后果受到了考虑成本的影响。在这一时期被取消的节目中,将近百分之七十五的节目的成本高于平均成本。因为不论成本怎么样,一部电视连续剧能够带来相同的广告收入,如果利润是主要考虑因素的话,将成本降低到最低点对网络是有利的。最后,与内容是标准化的节目相比,内容不寻常的节目更有可能被取消,**而无论收视率或市场调查的人口统计数据如何**。对赢利的市场的控制使得每一个时间档变得如此有利可图,以至于试验不同寻常的产品失败所付出的代价升高了。这就导致了这种表面似非而是的后果,随着利润上升,节目的多样性却降低了⑨。

因为创新被认为有风险,所以电视台更倾向于生产与过去的成功之作相似的产品。与莫纳科(Monaco,1979)对电影工业的看法一样,吉特林(Gitlin,1983)认为,电视工业提供了一种重新组合的文化,在这种文化之中,新产品被用于模仿过去的成功之作,将几个同类产品的特点结合在一起,或使用过去在其他媒体中获得成功的产品,如模仿畅销书或成功的百老汇戏剧。通过吸收成功的节目的特征和根据这些节目创造新节目,电视的派生产品(spin-off)将这种重新组合的策略应用到它自身的媒体之中。

不情愿实验新产品导致不情愿试用新人才。另外,越是强

---

⑨ 本书没有考察题材内部的变化(有关体裁内部的变化,见 Wright,1975)。

调在寡头垄断控制之下获取利润，就越是鼓励依靠被证明是人才的人而不冒险使用新人或新产品。正像电影业中的情况一样，将全国范围和所生产的节目素材的数量联系起来看，实际为电视网生产节目素材的人数很少。吉特林(Gitlin，1983)声称，掌握了标准形式的作家有一百名左右，电视网找他们创作新节目。他们是将这项工业价值内在化的行家里手。他引用了一家电视节目制作公司的头儿的话说，

> 电视是一个规模这么小的行当，这简直让你无法相信。我国有两亿人口，却只有几百人在经营电视节目——都是在一起相处很长一段时间的圈里人，彼此袒护(Gitlin，1983，p. 115)

直到七十年代初，当有线电视公司开始进入市场的时候，主要网络在电视工业中实际还很孤立。但是到八十年代初情况就不同了，政府规定发生变化，这使有线电视业变得有利可图，这些公司开始同电视网激烈竞争。到了一九九〇年，百分之五十九的有电视家庭安装上了有线电视(World Almanac and Book of Facts，1991，p. 318)。在整个八十年代，独立经营的电视台(即那些不附属于三家主要网络的电视台)的数量增长了百分之五十。录像机的发展为观众提供了其他选择。网络在黄金时间所拥有的受众比例从八十年代初的百分之九十降低到九十年代初的百分之六十多一点(Carter，1991)。

按照寡头垄断的模式来推断，同较小公司的竞争将迫使主要公司试验一些新方法以保持它们对电视工业的控制。实际上，由于几个原因这种情况没有发生。其中一个原因是，自从七十年代初以来，生产电视节目素材的成本翻了三番，从平均每小时二十万美元涨到平均每小时七十五万美元(Cantor & Cantor，

1988, p. 105)。为了增加生产费用,它们不得不减少利润率。结果,它们往往依靠标准制式。当它们承担制作耗资巨大的新电视剧时,它们同国外合拍,通过将节目卖往其他国家来收回部分成本。其次,尽管收视率下降,它们仍然从广告中获得丰厚的收入,因为广告商还是将电视网当做接触受众的最佳途径,而不大倾向于在有线电视网上做广告(Gerard,1989)。

寡头垄断模式与边缘文化工业:出版业案例

与核心文化工业相比,边缘文化工业生产的产品所吸引的人数较少。考泽、卡杜新和鲍威尔(Coser, Kadushin, & Powell, 1982)估计,“在《财富》杂志一九八一年所列的美国五百家最大的工业公司的名单上,整个出版业仅名列第四十六位”(p. 36)。一般说来,这些工业分成两类:包括试图争取公众的少数大公司和争取少数受众的大量小公司。这类工业与流行音乐工业(其特点也是由小公司和大公司组成)的区别在于,流行音乐工业拥有数量最多的潜在受众。[10] 尽管没人知道购书的公众的实际数量,一本畅销书很少卖过一百万册,而一套成功的摇滚乐唱片一

---

⑩ 表明出版业是一种边缘工业的另一方面的内容是专门化的程度。考泽等人将出版业描绘为“所有媒体工业中专门化程度最高的工业”(p. 36)。在对出版社进行分类的许多可行方式中,有两种显得尤其重要:(1)受众的类型(商业的或专业的);(2)赢利的或非赢利的(例如可与大学出版社相比较的商业出版社,大学出版社一般得到补贴)。

般每年销售四百万张。[11]

近年来，出版业中的这两部分极大地扩张，但扩张的方式却不同。由于联合大企业的兼并和收购，最大的那些公司变得更加庞大(Coser et al, 1982, p.26)。例如，在一九八四年，海湾与西方工业公司购买了普伦蒂斯—霍尔出版社，形成全国最大的出版公司，在此之前，它已经拥有了另一家非常大的出版社，西蒙—舒斯特出版社。海湾与西方工业公司期望在出版业的每一重要部门中发挥举足轻重的作用(Cole，1984)。由于联合大企业通过购买小公司扩大了对出版业的控制，其他文化工业中发生的在同一公司内部独立的各个分公司之间竞争的现象出现了。与此同时，越来越多的、向数量萎缩的受众销售图书的小公司涌现了。这些变化反映在新出图书品种每一年都在增多：一九五〇年是九千七百四十六种，而一九八七年达到了四万五千种(Compaine，1982，p. 100；World Almanac and Book of Facts，1989，p. 350)。[12]

鲍威尔(Powell，1982)认为，出版业中最大的公司像娱乐工业中的最大的公司那样发挥作用，它们通常与娱乐工业有着建立在共同联合大企业所有制基础上的密切联系。在过去的二十年里，这些公司越来越重视耗巨资出版的畅销书，通过各种媒体向全国和国际市场推销，使用搭卖销售广告，将书拍成电影或电

---

[11] 按照考泽等人的看法(Coser et al，1982，p. 212)，传统商业图书的销售量是七千五百册到四万册。按照斯诺(Snow，1983)的看法，“平装书的销售量通常低于十万册(只有极少数能够达到十万册)”(p. 66)。相比之下，在一九八五年，二百六十四套唱片的销售量超过五十万张，十六种单曲唱片销售量超过一百万张(《唱片工业研究》，1986)。

[12] 在二十世纪七十年代后期，美国有近一万一千家出版公司(Robinson & Olszewski, 1980, p.83)。一九六三年，有十六万三千种在版图书，而一九八〇年有四十五万种。

视节目推销图书，或将影视的内容制作成图书（对这个过程的详尽描述，见 Coser et al, 1982, pp. 214—222）。在某些情况下，一部成功的影片被以图书的形式制作成小说（Coser et al, 1982）。现在，图书的发行受到全国连锁书店的寡头垄断公司的操纵，这些连锁书店的存货限于畅销书和市场销售好的其他图书。

小出版社往往专门出版有关某些题材的图书——这类图书对特殊受众有着独特的吸引力，或专心致志地出版少数种类的图书（McDowell, 1986）。那些力图出版具有与大出版公司竞争的潜力的图书的小出版社面临打入连锁书店这一大难题，连锁书店只注重名气大的作者。由于面对来自连锁书店的竞争，独立经营的书店的利润下降，并且这样的书店正在消失（Coser et al, 1982, p. 336）。

到了八十年代末，随着越来越多的图书因无力支付（从销售角度而言的）巨额印刷费用、给作者的预付稿费和广告活动的费用而无法出版，显而易见，试图以销售电影和流行歌曲的方式销售图书有其局限性，主要原因在于，与其他流行文化形式相比，任何种类的图书的潜在市场要小得多（Cohen, 1990）。公众的阅读兴趣极其不同。

即使对还存在一定规模市场的某种图书而言，例如言情小说，读者阅读趣味的变化已经形成了动荡时期，期间大公司失去了对市场的控制。在二十年的相对稳定时期过后，言情小说的市场变得越来越动荡。言情小说的大量生产始于一九五八年，当时禾林（Hallequin），一家加拿大出版公司，开始出版平装本的言情小说，这种小说有着独特的程式，书中的女主人公最终赢得了一开始似乎鄙视她的男主人公。通过将图书直接送到公众面前，禾林控制了它出版的图书的发行；它们在电视上为这些图书做广告，不仅书店出售这类图书，而且超级市场、杂货店和廉价商店也出售这类图书。换句话说，这类图书在购书妇女聚集的地方以很低的价格出售。这家公司从一开始就进行了广泛的市场调查。在一九七七年，将近一百四十名妇女为这家公司写作，当时禾林向全世界销售了一亿五千万册图书。

在七十年代末，由于给妇女带来"越来越多的性自由和获得金钱、权力和地位的机会"的女权主义运动的影响（Thurston, 1987, p. 47），妇女的态度发生了改变。随之而来的是，一种新的、含有较露骨的艳情素材的历史言情小说开始流行起来。到了七十年代末，对艳情历史言情小说的狂热走到了尽头，这在很大程度上归因于竞争者以同样风格过分地模仿早期作品。

在八十年代初，紧接这股狂热之后的是一种新的、对当代艳情言情小说的狂热。从一九八〇年到一九八三年，九家不同的出版社总共发行了十五种不同系列的艳情言情小说（Thurston, 1987, pp. 62—64）。到了一九八二年末，每一个月出版三十种这类新型艳情小说（p. 56），结果市场高度饱和，尽管百分之三十的受众每月阅读二十种以上（p. 189）。到了一九八五年，每月总共出版八十种新图书（p. 60）。在此期间，禾林失去了百分之五十的美国市场（p. 63）。

出版商对这个动荡环境的反应象征了生产文化产品的组织在这种环境之下面临的问题。禾林对这种新形式的第一个反应就是坚持老一套，就当什么也没发生。瑟斯顿（Thurston, 1987）声称，支配这些公司的是男性销售管理人员而不是女性编辑，他们一贯不理会有关读者态度发生激烈变化的迹象。理解市场比较透彻的女性编辑一般不熟悉有助于支持她们的阐释的量化的市场调查技巧，她们对体裁本身不敏感。她们在公司中的地位很低，这阻碍她们对管理决策施加影响。瑟斯顿（Thurston, 1987）得出结论说，由于没有进行精细的市场研究并将产品针对女性受众内部特定的目标群体,“言情小说出版社在总体上似乎陷在试错法手法(trial-and-error ploys)之中”(p.205)。

到了一九八三年,灾难性的损失迫使禾林引入它们自己的当代艳情言情小说。然而,瑟斯顿估计,到八十年代中期,相当一部分言情小说的受众已经不再阅读这种小说。当时,两家主要出版公司,西蒙—舒斯特出版公司和禾林出版公司在动荡的市场上较量,最终结果是,禾林购买了西蒙—舒斯特的出版言情小说的分公司,试图买回它失去的市场份额(Thurston,1987,p.191),垄断了绝大部分市场。

作为把关者的组织:对文化内容的影响

为了理解选择文化内容和选择创造文化内容的人才,对全国性文化工业和边缘性文化工业中的组织管理进行研究至关重要。这类研究表明,这些工业中的艺术决策受到高层管理人员的密切监督。众所周知,这些管理人员有力地控制选择艺术工作人员和界定文化产品自身。坎特尔(Cantor,1971)发现,资助电视连续剧的决策是委员会做出的;管理人员甚至会介入创造过程本身。坎特尔(Cantor,1971)描述了电视剧的制片人和作家所面临的形势:

> ……就被生产的内容而言……网络既被看做施行控制的代理人,又被看做受众……为了继续生产,制片人必须能够适应网络指令的变化。致力于特殊艺术或伦理价值的制片人继续留在商业领域里会遇到困难(pp.141,149)。

电影背景音乐作曲家描述他们的工作环境时说，在其中他们自己的自主权经常受到威胁，而且影片监制人的音乐知识很有限(Faulkner, 1983)。一些导演经常作特殊要求；还有一些导演几乎没有什么要求。与知识极为贫乏的电影制作人在一起工作，作曲家说，他们感觉到自己就像被雇佣的帮工一样，完全脱离了自身的技艺，为了生存而挣扎。电影音乐作曲家要从事无数任务，因为在写作和录制完成之前电影配乐的性质是不可能完全预知的。导演和作曲家不得不就电影的意义和恰当的配乐达成某种共识。福克纳(Faulkner, 1983)援引一位作曲家的话说："很多时候你在同一些对自己所要寻找的东西一无所知的人打交道，他们实际上缺乏音乐知识……从某一点上看，你总是面临一个沟通问题。"(p. 139)结果，电影作曲家学会了疏离自己的作品。乡村音乐的歌曲作家甚至更加缺少对自己的工作的控制：他们创作的歌曲必须符合建立在以前走红的歌曲基础上的"产品形象"，并且要经历一个漫长的决策过程，在这个过程中，极少歌曲能被选中(Ryan & Peterson, 1982)。他们接受了这一事实：判断他们的作品不是根据他们独到的音乐成就，而只是根据他们的最新创作计划获得商业成功的程度。

瑟斯顿(Thurston, 1987)指出，在选择出版言情小说时，"通常的程序是，所有编辑人员达成共识，然后编委会做出决策……言情小说的编辑在一个等级制结构中进行操作，这个等级制结构使三 M——manager, marketer, and man(经理、经销商和男子)——高高在上"(p. 198)。这些出版社的编辑为作者提供有关情节性质、人物和篇幅(一百八十到一百九十页)的特殊指导原则。

最典型的模式似乎是这样的，产品越是昂贵，或一件耗资很少的产品带来的收入越多，组织把关者(organizational keeper)

施加的控制就越多。在研究以伊安·弗莱明的詹姆斯·邦德小说为基础的影片生产时，贝内特和伍拉科特（Bennett & Wollacott，1987）指出，这些影片的制片人完全控制了影片生产的方方面面，从脚本写作（一般说来有好几个作家参与脚本写作），在各种场景中使用的暗机关和精巧装置，到用于吸引受众的宣传文章的性质。

与此同时，这篇著述暗示说，这些经理们经常做出决策，资助不适合目标受众和最终无利润可言的产品。瑟斯顿（Thurston，1987）宣称，在出版言情小说的公司里，“男性管理人员要么不理会，要么错误地理解了有用的有关消费者的资料。为了稳妥起见，他们求助于以过时的陈规为基础的策略”（p. 190）。根据坎特尔的看法（Cantor，1971），作为管理部门与文化生产者中间人的大公司的经理们，处境非常暧昧。他们极为缺乏有关文化形式和文化形式评价标准的知识；他们从来就没弄明白艺术能力究竟为何物，或什么人应该具有这种能力。

在这种情况下，对文化生产者的评价往往是在事后根据他们是否成功来做出的。福克纳（Faulkner，1983）发现，各种富有创造力的电影工作人员，如果以前经常被选用，就更有可能被选用参加某一特定的电影拍摄项目。由一小批个体组成的精英分子群体，承担大部分电影拍摄项目。与此相似的是，吉特林（Gitlin，1983），以及坎特尔和平格里（Cantor & Pingree，1983）报告说，参与写作电视节目素材的人数非常少，这说明相似的过程在发挥作用。

作为多阶段过程的组织把关

在许多奖励系统中，文化产品面临两个独立的把关系统：第一个系统涉及到一个组织接受一个组织供传播或播放的文化产品，第二个系统涉及到第二批把关者评价文化产品，这些把关者通常提供进入更加严格的播放或传播系统的途径。文化产品只有通过第一批把关者的考核之后，才能得到第二批考核者的考虑。接受文化生产者的供传播的作品的组织所具有的特点，对于文化产品怎样应付第二批把关者有重大影响。小的或边缘组织传播的作品不大可能得到第二批把关者的评价，更不大可能得到有利的评价。换句话说，把关通常是一个多阶段的过程，各批把关者先后参与到这一过程中。在第一阶段取得成功对于以后各阶段的成功至关重要。

这类多阶段系统的一个范例是流行音乐行业。唱片制作人为唱片公司选择音乐家，录制他们的作品，但是，为了让他们的作品为观众所熟悉，他们的作品必须被流行音乐唱片节目主持人(disk jockey)选中，在电台播放。生产出来的唱片的数量远远多于这些电台播放的唱片的数量(Rothenbuhler，1987)。只有一小部分唱片被选择中，被大张旗鼓地推销。

鉴于这种播放系统所具有的重要性，主要唱片公司采取各种办法，无论合法的还是非法的，对它进行控制。在二十世纪四十和五十年代，这些公司利用它们与广播网的合作关系控制了播放系统[13]。在六十年代，小公司之间的竞争最为激烈，它们有时依靠向电台唱片节目主持人行贿来播放它们的唱片(Denisoff,1975)。从一九四四年到一九七七年间，除了少数几年之外，主要公司成功地控制了系统，这表现在这一事实上：主要公司占有电台有插播节目流行程度排行榜上的唱片的百分之七十九。中等规模的公司生产的唱片占最走红唱片的百分之十八，而小公司只生产了其中的百分之三(Anderson et al, 1980, p.32)。同出版业中的情况一样，小公司的影响显得微乎其微，因为它们很少能够打入播放系统。因此，尽管文化生产者很容易为小组织所接受，但他们代表的往往是高度专门化的音乐，他们的唱片不大可能通过导致发行的第二阶段把关。中等程度的公司产生的影响多多少少要大一些，但是，在音乐的选择方面，它们往往也比较保守(Anderson et al,1980)。

作为多阶段过程的把关的性质也在奥曼(Ohmann,1983)对一九六〇年到一九七五年之间的小说的研究中得以解释说明。与具有其专门奖励系统的先锋派艺术不同(Crane,1987)，各种文学受制于本质相同的把关系统。后来得到批评家盛赞和被奉为经典的小说，一般说来刚开始都是很赚钱的书或畅销书。这些图书是搜寻有商业前景的图书的文稿代理人(literary agents)或编辑的首选。然而，一本书将来能否成为畅销书受到它在出版几个星期之后引人注目的程度的影响。在奥曼所考察的那段期间，《纽约时报书评》(NYTBR)上的评论在这个过程中发挥了重要作用，《纽约时报书评》的受众(将近一百五十万读者)比任何其他文学期刊的受众都多。《纽约时报书评》上的书评影响到

---

[13] 其他策略包括，密切联系在音乐影片中上演歌曲的电影公司和向零售公司发行唱片的唱片批发发行公司(Peterson & Berger,1975)。

书店经理、图书馆工作人员和少数有能力购买精装书的公众进购图书，这一小部分公众主要是居住在东海岸受过良好教育的中产阶级妇女。然而，正如奥曼所指出的那样，在《纽约时报书评》上做广告的出版公司出版的图书更有可能得到《纽约时报书评》的评论。在广告上投入最大的得到的评论版面最多。相应地，这些书最有可能成为畅销书。在八十年代，在电视上露面起到相似作用。作者完全有必要在电视上推销自己的书来引人注目，这已成为一名畅销书作者的一个先决条件（McDowell，1988）。

如果一本书在出版几周之内没有成为畅销书，它就不会有可能拥有大量的读者。出版商根据销售量评估产品，并立即终止出版书单上销路不好的图书。尽管畅销书的地位最初是建立在销售量很小的精装书的基础上，这种地位本身却足以增加未来的销售量。较多受众购买这种图书是因为它是畅销书，并且有更多的书店贮存这种书。精装畅销书现象也促进了这些小说素材以其他形式，如平装本、拍成电影、改编成漫画和连载等形式被复制和消费。换句话说，一本书赚大钱与它成为畅销书密切相关。通常为联合大企业所拥有的一小批大出版公司参与了这个过程。

与此同时，数量众多的小出版公司（有时候是一人企业，从编辑到印刷，出版商事事都要经手）根据各种标准选择供出版的手稿，依靠很小的销售量来维持生存，这表明这些图书对公众几乎不会产生影响。正像文学批评家纽曼（Newman，1973）所哀叹的那样，

> 古典集权社会在生产环节上进行图书审查。一个寡头垄断的民主社会在发行环节上进行图书审查……如果一本书应当印行，但因为它

卖不到五千册而被拒绝，这就是审查。如果一部小说有二万名潜在的受众，但却只有其中的四分之一的受众读到它，因为没有人评论、推销和购存，这就是审查。无论由于意识形态对立、官方的无知、冷漠的密谋策划，还是由于自由市场的急切需要，产生的效果是一样的——弃绝了合法享有权利的受众，失去了读者群。例如，如果有人告诉我们，一本反现行社会体制的小说在波兰的印刷数量很少，没有得到宣扬，没有人评论，这本书很快不允许被印刷，我们知道个中缘由。在这里，这种事情每天都发生，我们却没有对此感到愤慨……超级市场以其自身方式进行审查的程度同文化部审查的程度是一样的。

正如奥曼（Ohmann，1983）指出的那样，取得与商业成功相对的文学成功的候选之作，一般都来自获得商业成功的图书。少数小说被遴选出来在有影响的知识分子期刊，例如《纽约书评》、《纽约人》、《星期六评论》和《党派评论》等上面进行评论。在此，得到《纽约时报书评》的评论也是得到这些把关者考虑的先决条件[14]，尽管在这种情况下，一种特殊评论是必然不可少的，这种评论认为，书之所以是书在于它是文学而不仅仅是娱乐。

这些期刊上的精英分子著述在很大程度上决定了哪些书将会引起激烈争论。这些期刊作为这些知识分子的传播网络和行使文化领导权的论坛而发挥作用。为了跻身于声名远扬的畅销书行列，一部小说至少得赢得其中一些批评家的赞许。

即使在这些期刊上，商业利益与选择图书进行评论息息相关。这些期刊中最有影响的（正如卡杜新[Kadushin]，1974）所

---

⑭ 在卡杜新（Kadushin，1974）看来，这一时期有百分之七十五的最杰出的知识分子经常阅读《纽约时报书评》。

确定的那样，是一家重要出版公司的副总裁创办的，在他的这份刊物上，这家出版公司的图书比别的出版公司的图书更有可能得到评论。相当多的评论员也是来自于同一出版公司出版的图书的作者（Ohmann，1983）。

最后，在知识分子期刊上得到好评的图书可能在专门学术期刊上得以探讨。经过这最后一关的作品很可能成为经典之作。典型的经典之作不仅得到好评，而且也是畅销书，销售量超过五十万册。通往文学上的不朽的道路要经历成为畅销书这一关。

换句话说，畅销书、严肃小说和经典作品代表了奥曼所研究的那一时期所有小说的一小部分。它们是通过一个偏向某些大出版公司的过程被选上的。一小部分中产阶级成员同纽约的文学领导核心人士一道，在这一选择过程中发挥了作用。[15]

结　论

美国工业在七十年代和八十年代的转变总体上对于媒体生产具有启发意义。尽管在前几十年，动荡时期——消费者趣味的变化、技术革新或反托拉斯决议所导致的——向主要公司对媒体工业的控制提出了挑战，但是，核心媒体已不再面临这种情况了。联合大企业有足够的财政和管理资源巩固它们对这些工业的控制，很少对流行趣味的变化做出让步。

在谈到电影、广播网和有线电视机构时，普莱拉克（Pryluck，1986，pp. 131—132）说："每一次深入联合都会进一步带来

---

⑮ 为先锋派绘画把关的过程是一个相似的多阶段过程。

官僚主义……它是没有权威的责任通过漫长的命令链条在里面延伸的一个系统;它是鼓励制造安全可靠、销路极广的影片的一个系统。它不是一个鼓励冒险或多样性的系统。”

产品一般是由排外的才子们的小圈子创造的。生产者和管理人员对受众的认识局限在“用于市场预测的人口统计数据”;因此,他们有关受众趣味的断定经常是错误的。电影和电影工业的高层管理人员往往通过细察其他的核心媒体与边缘媒体来寻找潮流,但是,当后者开始类似前者的时候,新素材进入系统的可能性就降低了。边缘工业联合大企业的蓬勃发展影响了他们对公众趣味变化的感应,也影响到新的文化生产者展示才能的机会,同时间接地影响到新思想和新潮流的引进。

诸如流行音乐和出版业等工业,其中新风格是这种工业之外的文化创造者创造出来的,多多少少更能感应到公众变化的趣味。然而,与出版业相比,流行音乐业对这些变化的反应更灵活。对这种现实情况的一种解释是,流行音乐的受众集中在文化生产者表演和能够评价他们的反应的地点,而图书的公众除了通过购买之外,几乎没有机会交流他们的反应。

文化生产者能否进入把关系统取决于多种因素,包括特殊文化形式中的组织规模、组织的制度化程度、高层管理人员的控制力度和特殊受众对文化的精神食粮偏好的稳定性。实际上许多把关系统是由一系列阶段组成的,在这些系统中,文化生产者在前一阶段的成功对于以后阶段的成功至关重要。把关系统的每一阶段,组织的规模和数量以及它们界定受众趣味的方式,影响到新的文化生产者进入这个系统的机会。

第五章　分析媒体文化意义的方法

所有的文化形式研究中最有挑战性的问题是内容和意义的社会学分析。直到最近，大多数美国社会学家还不理会文化产品中的意义分析[①]。个中缘由可追溯到有关媒体意义的性质和公众看待意义的方式的一系列基本假定。直到最近，美国的理论视角还假定，媒体广泛传播的文化产品的意义是一维和透明的。这些理论视角往往没有认真分析有关文化客体的素材，就臆断文化客体的内容。尤其值得注意的是，这些视角，无论马克思主义的、功能主义的，或者符号联结主义的(symbolic interactionist)，往往假定，文化客体反映了主导文化价值，而主导文化价值相应地反映了社会结构中的权力分配。

文化产品与公众之间的关系被认为是决定论的；这种观点假定，如果文化产品影响了公众，这种影响是以产品的创造者所预期的方式进行的。公众本身被概念化为个体的集合，这些个体的反应可根据消费者的人口统计类别或社会心理偏好来解释，而不是将这些个体阐释为亚文化群体中互动的成员[②]。试图具体阐明电视节目中暴力的影响的研究体现了这种文化观

---

① 他们主要从社会群体和亚文化的规范、价值和行为角度研究意义。

② 这个普遍规律的一个例外是创新散播研究(the study of the diffusion of innovations)，但这种研究方法很少被应用到媒体娱乐研究中。

念，这种观念假设，文化对受众的影响与受众收看电视节目的数量成正比(个体消费的节目越多，他或她就越有可能受到影响)。基本模式是线形的，是由发送者、信息和接受者组成的一个因果链条(Slack and Allor，1983)。

最新的分析文化产品意义的方法一直受到欧洲理论研究方法如结构主义和英国文化研究的影响，也受到最新美国媒体研究(参见第二章)的重要组成部分——**构架模式**——的影响。这些理论视角共有的研究文化客体意义的方法可描述如下：

1. 传送意义的方式与被传送的意义同样重要。
2. 意义不是透明的；文本分析会揭示出隐藏的、潜在的意义。
3. 意义是以不同社会阶级之间和社会阶级内部亚文化之间商讨和冲突为基础的社会建构。特定受众可能采取完全不同于素材的创造者预期的方式阐释文化产品。

在本章中，我将讨论意义分析的四种研究方法，就其将传达意义的方式概念化而言，每一种方法都不同于其他方法：(1)构架模式，它假设说意义是由文本结构的关键方面，无论是视觉的还是文字的方面来传送的；(2)结构主义，它假设说意义是隐蔽的，必须使用特定的程序将其“解码”；(3)文化研究，它假设说社会语境，尤其是文化产品从中得以创造和传送的社会阶级决定文化产品的意义；(4)接受理论，它假设说意义是受众所赋予的，社会定位不同的受众以不同的方式看待相同的文本。

最后，我将评价这些模式对于理解娱乐媒体文化变迁的效用。

构架：作为意义的文本组织

迄今为止，讨论构架模式主要是根据出版物的内容来进行的。斯诺(Snow, 1983)认为，阐释框架使新故事变得有意义；例如，新闻是以故事或戏剧的方式来构架的。现实生活是混乱和模糊的；将结构强加给事件，使它们对公众有意义。

甘森和莫迪格利亚尼(Gamson & Modigliani, 1989)指出，媒体使用那些体现了对一个事件的不同阐释方式的“阐释包”(interpretive package)。每一个阐释包都包含构架一个事件的核心思想。核心思想通过典型的意象、隐喻或口号表达出来。构架是使相关的事件有意义的核心思想。它告诉受众如何去思考一个事件，鼓励他们根据一个关键思想去阐释事件。

一些作者(例如 Breen & Corcoran, 1982)将神话看做对社会事件和社会状况产生共同社会理解的构架或感知系统。他们认为，

> 神话作为文化感知系统的组成部分而发挥作用，通过这个感知系统，人们不熟悉的状况……得以阐释并被套入旧的象征模式中。正像戴眼镜一样，我们透过神话的镜片看世界，而没有清醒地意识到眼镜的扭曲效果。(Breen & Corcoran. 1982, p. 128)

媒体娱乐也依靠构架使受众产生期待，影响受众理解媒体的心理定势。例如，电视节目编排是一种构架手段，这种手段向受众暗示节目所需要的受众参与的性质和程度。情景喜剧使用的节目编排包括一系列片段，每一个片段都依靠同一个背景和

主要人物。理解和欣赏某一特定片段不需要熟悉以前的片段(Swidler, Rapp, & Soysal,1986)。肥皂剧使用一种不同的、连续的格式编排。每一个片段与其他片段密切联系在一起,并且可能提到几年前甚至几十年前播放的片段中描述的事件。这种节目编排需要受众经常观看和高度参与叙事③。

使受众产生期盼的另一种构架手段是套路(formula)。在卡维尔第(Cawelti,1976)看来,套路有两个主要特征:(1)它们有着具有普遍吸引力的标准情节;(2)它们体现在它们从中广泛传播的文化中有意义的人物身上,体现在背景和复杂紧张的场面中。卡维尔第认为,套路简化了现实生活的复杂性,使复杂问题变得比较简单和易于理解④。

历险套路的一个经典范例是西部套路,这一主题在小说、电影和电视系列剧中被广泛使用 。在帕克斯(Parks,1982)看来,西部套路包括一种特殊背景(美国边疆地带,尤其是一八三〇年到一九一五年西部各州的高山和沙漠地区)、独特的情节、老式

---

③ 系列剧和连续剧是两种主要电视节目编排方式。这两种编排的变体包括简短的连续短剧或电视连续短片(最著名的一部电视连续短片是《根》,这个故事是建立在美国奴隶制度的历史的基础上的)和一次性拍摄的特别节目。在电视的早期发展史上,所谓的选集节目编排(anthology format)很重要。其衰落的原因,见 Swidler et al(1986)。

④ 卡维尔第罗列了他认为是主要的套路:(1)历险故事,这种故事讲述一位英雄克服了重重阻碍,战胜了种种危险,完成了一项重要的道德任务;(2)言情故事,作者在故事中追溯了一种浪漫关系的发展;(3)神秘故事,这种故事的目的在于调查一个隐蔽的事件或解决一个谜;(4)情节剧,这种故事强化传统价值,但同肥皂剧和畅销书一样,增强了情感和戏剧因素;(5)讲述外邦异族的故事,例如恐怖故事和某些侦探小说。卡维尔第的类型学最适于分析不同类型的小说,也正是为这个目的而发展的。使用叙事手法的其他流行文化形式依赖相似的套路,但在某些情况下发展了那种文化形式特有的套路。其中一个例子是电视情景喜剧,这种套路故事讲述的是彼此有紧密联系的家庭或人群,在引人发笑的困境中表现这些人,这些困境以传统方式被解决。

复杂紧张的场面(例如赤手搏斗和追捕)和符合标准的人物(pp. 27ff.)。

尽管叙事本身可能被用做构架手段,另一种研究方法是使用各种文体手段在受众中创造特定期盼。标准的好莱坞影片使用受众所熟悉的以及构成受众对电影叙事阐释的各种手段。尤其值得注意的是,这些电影的情节解决的是明摆着的问题。受众事先知道,一般来说,在与人或自然进行某种冲突之后,主人公将会解决这些问题。根据博德维尔的看法(Bordwell,1985),这些电影的基本模式包括:(1)平静阶段,(2)动荡,(3)斗争,(4)消除动荡。这些电影的表现内容以清晰无误地传达一个故事为目的。使用赘言和重复是为了保证每个人都理解故事的细节。决不会有人怀疑镜头与镜头之间是怎样衔接起来的。博德维尔(Bordwell,1985,p. 163)引用一位导演的话说,“拍摄一个镜头只有一种方式,那就是向观众表明下一步将要发生什么”。

这类电影以这种方式讲故事,使观众产生一种幻觉,认为他们正在观看现实生活中的事件。预计他们会与主人公认同或者通过一个奇想的认同过程与剧中人物产生共鸣。

为了在受众中产生不同的期盼,某些导演故意不使用这些手法。这类故事并不是根据线性方式来讲述的,而是通过具有许多枝节内容和中断的间歇性闪回来讲述的。结果,受众无法介入故事之中,或无法与剧中人物认同,这些人物的行为可能十分复杂和不一致。

在这些电影中,导演们决不掩饰他们在模仿现实,相反,他们堂而皇之地操纵现实,经常提醒受众,他们正在讲述一个故事,使用了滑稽模仿和不断地参照其他电影的手段。这样做的目的在于故意刺激受众和向他们的先入之见提出挑战。他们并不期盼受众接受对故事的一种特定阐释,就像好莱坞经典影片追求的那样，而是让受众自己对电影进行阐释。

比较一下能够说明这些特点的两部电影，就可以看出这两种电影之间的差异：侦探片希区柯克（Hitchcock）的《后窗》和安东尼奥尼（Antonioni）的《爆炸》。在这两部电影中，剧中主要人物都怀疑发生了一件谋杀案。在希区柯克的影片中，男主人公是摄影师，尽管他身有残疾，断了一条腿，还是将谋杀者抓获了。安东尼奥尼影片中的男主角也是摄影师，他既找不到谋杀者，也不能为自己确立一个有意义的目标。不管受众对它的阐释有何不同，希区柯克的影片表现的是一种前后一致的现实，他想让观众接受的就是这样的现实。因为从影片一开始谋杀者就受到怀疑，这部影片似乎向观众证实说，他们的世界是可以预料到的和清晰明确的。

安东尼奥尼的影片讲述的不是一个前后一致的故事。相反，它提供了一系列乱七八糟和前后矛盾的线索，每一位观众应当根据这些线索建构他（或她）自己编织的故事。安东尼奥尼好像是在说，摄影术无法捕捉现实，因为现实过于复杂和游移不定而不能以这种方式传达⑤。

相同手法也能在在散文体叙事中找到。卡维尔第和罗森伯格（Cawelti & Rosenberg，1987）指出，特殊套路之中的特定作品在使用这类手法方面可能变化很大。一种套路的更为复杂的作品有时候成为文学名著⑥。

构架模型假设说，文本的意义通过文本中的某些手法传达到受众那里，这些手法包括：它与其他系列或连续叙事的关系、

---

⑤ 其他这类电影包括伍迪·艾伦、弗雷德里克·费利尼和安迪·沃霍尔拍摄的许多电影。

⑥ 例如，英国小说家格雷厄姆·格林经常使用间谍小说的套路，但他被认为是当代重要的小说家（Cawelti & Rosenberg，1987）。

叙事本身(套路)的特点,或传播叙事的特定技巧,例如情节的承接与否,对现实主义强调的程度和期盼受众是否会对这个故事建构自己的阐释。

结构主义:文本中的隐蔽意义

尽管构架模型将意义阐释为文本的一种组织功能,结构主义假设说,意义潜伏在文本之中,必须被解码。结构主义的研究方法一直被用于分析原始文化中的神话、前工业社会的民间故事,此外,在当代社会一般被用于分析广告、电影、小说、电视剧、时尚和消费品。

结构主义假设说,每一个社会都有体现在它的神话和其他文化客体中的一系列象征意义。结构主义者试图通过阐释文化现象背后的编码来理解这些意义。他们认为,这样做揭示出潜在的意义或深层结构,即故事的表层内容之下实际所说的东西。这种技巧最先用于分析原始社会,可以想像到,人们或许会从中发现构成所有文化现象基础的单一系列的意义。现代社会比原始社会复杂得多;因此,人们期望发现文化背后的更为多样的意义。

为了分析文化产品的潜在意义,结构主义者使用了符号学分析方法。符号学分析方法有两个内容:考察文本组成要素之间关系的共时分析,考察叙事演变的历时分析。共时分析建立在这种观念基础上:任何一种文化符号的意义来自于它与其他符号之间的关系,尤其来自于它与其他符号的对比或对立。换句话说,文本意义的重要组成部分是通过文本中文化符号的对立表达出来的。进行共时分析的根本理由在于,这是一种文化的成员理解象征素材的一种方式。第二种研究方法，历时分析涉及到将叙事概念化为由分散事件组成的链条。据信，每种故事都含有某些组成因素。识别出这些组成因素，就有可能比较相同套路的不同范例中的叙事，并能够指出基本叙事结构是怎样随着时间的变化而变化的（见 Wright，1975）。

例如，艾珂（Eco，1979）对伊安·弗莱明的詹姆斯·邦德的间谍小说进行的结构主义分析揭示出，这些小说都是使用相似要素，以相似方式建构的。借助于这种方式组织这些因素使读者最大限度地理解故事的核心主题。由于这个原因，在所有小说中都有四个主要人物：男主人公（邦德）、他的老板、一个恶棍和一位妇女。每一个人物都代表了基本价值观念，例如爱情—死亡、忠诚—不忠、义务—牺牲、善—恶和美—丑，当这些人物彼此邂逅，这些价值观就会产生紧张和冲突[⑦]。大多数邂逅都与邦德有关：邦德与老板对立、与恶棍对立、与女人对立，有时候女人与恶棍对立。通过使用大多数读者所熟悉的童话故事中的标准人物和以普遍价值为基础的基本冲突，作者最大限度地增加了与最广泛的潜在受众交流的可能性。艾珂指出，这四个主要人物出现在所有著作中，他们彼此相邂逅的结果也是相同的。邦德总是战胜了恶棍，失去了女人。

艾珂（Eco，1979）也指出，这些小说具有同样的叙事结构，这种叙事结构可被归结为与游戏相似的一系列范畴。各种类型的场面在每一部小说中都出现，尽管顺序有所变化，在这个意义上，程式（scheme）是不变的。作者为了防止叙事结构枯燥乏味，吸收了一些枝节内容和不可预测的事件，为基本情节编排增添

⑦ 以这种方式组织起来的文本的其他范例包括音乐喜剧，它的情节是对比或比拟主要男女主人公生活短插曲（Altman，1981）。

了生动和趣味。艾珂认为，弗莱明借用了较早的小说，尤其是十九世纪小说使用的大量素材，这样做使他的小说很有趣味。弗莱明决不像表面上那样具有原创性。弗莱明吸收了看似深奥的素材，赋予他的作品以具有文学性质的假象，而实际上这是一种欺诈。在套路故事中，表面细节有变化，但基本结构始终是相同的。艾珂(Eco,1979)指出，“犯罪小说产生重复；它故作煽情，实际上是以一种想像力的懒惰重新证实读者所读的故事，不是通过叙述已知事物而是通过叙述未知事物来产生逃避。读者事先知道下一步将发生什么。”(p.160)

随着结构主义从人类学扩散到其他学科，它的分析技巧已经脱离它的理论体系。使用这些技巧的社会学家们一般使用社会学概念和理论阐释符号学分析的结果。[⑧] 菲斯克(Fiske,1987)认为，小说叙事中的人物代表了特定社会中重要的思想和价值。尤其值得指出的是，通过观察他或她如何与代表不同价值和敬畏的其他人物产生联系，我们理解了每一个人物所代表的事物。人物可能代表一个社会阶级、一个社会问题，或一场政治或道德冲突。换句话说，每一个人物代表了通过与其他人物的相似和相异之处传送到受众那里的一套价值。为了解释说明这种研究方法，菲斯克分析了电视系列剧《卡格尼与拉西》(Cagney and Lacey)中的一集，这部系列剧涉及到三个女人，其中的两个是侦探，是女主人公；第三个女人只出现在所分析的那一集里。菲斯克指出，就许多社会特点而言，如性别、国家、地点、时间和年龄，这三个人物彼此相似。在这些相似性提供的背景之下，他们的差异可被用于表现另外的信息。因此，不经常在节目中出现的人物被观众理解为代表几种社会经济特征的那类

⑧ 马克思主义对广告的分析，见 Williamson(1978)。

人物。在菲斯克分析的那一集里，第三位妇女是一位母亲，她非常穷，是单亲并且是黑人。在缺乏她的其他有关信息的情况下，这些特征为受众提供了他们能够用于阐释这个故事和阐释她在其中位置的暗示。它们在受众的心灵中激发起多种意义。因为节目中的两位主要人物代表了不同的价值观念群，第三个妇女这个人物是以最少量的信息对受众产生意义的。

在分析票房收入颇丰的西部电影的基础上，赖特(Wright，1975)认为，这些影片中的人物和主人公的行为所体现的文化与社会价值观念，表现了社会与经济制度中的紧张和冲突。随着社会的变化，人们对文化价值观念的冲突也有了不同看法。社会和经济制度的变化向个体提出处理他们的社会环境的问题。结果，叙事结构发生了变化，因为只有当它们能够阐明这些问题和提出解决方法时，受众才认为它们有趣。在赖特(Wright，1975)看来，成功的西部片与受众的期盼是一致的，与观众向这个神话要求的意义是一致的。

符号学分析没有被社会学家广泛使用，这与作为一门学科的社会学中的主导世界观有关(D'Andrade，1986)。作为社会科学家的社会学家往往将社会看做由因果关系联系起来的变体的集合。社会科学家的目的在于产生一套描述人类行为的原因的规律。这种研究方法导致将文化符号概念化为其意义和相互关系不需要分析的"黑匣子"。相比之下，根据结构主义研究方法，意义和符号影响社会行为。以社会学为导向的结构主义者的目的是，发展通过体现在文化客体中的文化符号来看待对社会状况的阐释。

结构主义研究方法的主要优势在于，它聚焦于文化文本的内容，提供了分析文本的技巧，这些技巧保持了文本中要素之间的关系。分析者关注文本的要素是如何结合在一起，而不是将它们从语境中抽象出来进行量的分析，就像内容分析中所做的那样。

与此同时，这种技巧导致过分强调文本而牺牲掉社会语境。所指和能指之间的关系总是任意的，这种结构主义观念与社会学研究方法是相矛盾的。如何将文本放回产生它的社会世界中，对于使用这种方法的社会学家来说，这个问题仍然是一个挑战。

文化研究：意义与社会语境

英国文化研究指的是吸收了马克思主义、结构主义和符号联结主义要素的一种综合的、跨学科的研究方法。英国文化研究小组从马克思主义那里获取了他们对主导意识形态和霸权的关注。同马克思主义者一样，他们宣称，主导意识形态反映了控制经济和政治制度的阶级的政治和经济利益。他们主要关注，这个阶级怎样成功地将它的世界观（霸权）强加给其他社会阶级成员，以至于他们将现存的社会、政治和经济局面当做自然的和不可避免的事物加以接受。

尽管马克思主义的其他传统，例如法兰克福学派，主要关注意识形态的性质和影响，英国文化研究小组试图理解不同的社会群体是怎样对占主导地位的阶级的意识形态做出反应的。他们认为，为了理解这个过程，有必要考察各阶级与从每一个阶级视角中看到的社会状况之间的相互关系。尽管法兰克福学派成员认为，大众文化的内容性质相同，以同样的方式影响所有社会成员，但是，英国文化研究小组认为，主导文化以不同的方式影响不同的社会群体，这取决于这些群体在社会结构中的定位。

对主导文化的阐释成为不同社会群体之间进行的一个妥协甚至斗争的过程。三种因素影响这个过程的结果:信息的性质、社会各阶级之间的关系和社会各阶级内部的亚文化与主导阶级之间的关系。从这点来看,权力处于媒体和媒体娱乐传送的文化符号之中,也处于对社会、政治和经济制度的控制之中。

根据这种研究方法,媒体在现代社会中充当一种核心角色。因为不同的亚文化和社会阶级过着非常不同的生活,有着不同的世界观,大众媒体为不同群体理解其他群体的生活提供了手段。他们的理解是通过建构社会不同阶层的形象来进行的;这些形象总是从主导阶级的视角来界定的。按照霍尔(Hall, 1977)的看法,"在像我们这样的社会中,媒体在主导意识形态的话语内部不停地进行'为世界分类'的意识形态批评工作"(p. 346)。主导文化总是被呈现为**文化**,透视社会整体的参照点。它试图在它的范式和价值之内界定和包容其他文化。

为了理解不同社会群体对类似大众媒体表现的主导意识形态的反应,霍尔从结构主义中吸收了编码和解码概念。媒体借以给事件分类和根据主导意识形态阐释它们的过程被当做一种编码形式。他假设说,不同社会群体的成员以不同的方式对媒体做出反应,这取决于他们自身的意识形态立场。没有完全接受主导意识形态的人以"商讨的"解码形式来参与,而全盘拒绝主导意识形态的人使用"对立的"解码。

总而言之,英国文化研究小组对意识形态影响的兴趣,不如它对意识形态作用的兴趣那样浓厚,意识形态的作用在于,维持现存的结构安排,但同时通过隐藏阶级关系的真实性质,通过吸收与缓和有分歧的看法来引诱从制度中获益较少的人的支持。

在媒体娱乐方面,作为传播意识形态的一套文化符号,流行音乐可被用做从这个视角进行的分析的说明。从大众文化的视角来看，流行音乐是一种意识形态操纵形式，它向公众灌输消费价值，为社会紧张提供了发泄渠道。公众几乎无法控制唱片公司广泛传播的音乐。

从英国文化研究的一个视角看，新的摇滚风格是作为最终被唱片工业吸收的反文化而出现的。音乐工业能够将市场合理化，但是，它不能够界定可被销售的奇想(Frith，1981)。它不能预测音乐趣味的变化。属于不同社会阶级的青年文化以不同的方式感知和阐释音乐。在中产阶级青少年看来，摇滚乐体现了表现他们的个体性和反叛他们被训练着准备去遵守的中产阶级生活方式的一种方式。在下层阶级的青少年看来，这种音乐颂扬了关注他们的生活的街头文化。这种音乐不但没有瓦解反而补充了他们的生活方式[9]。

英国文化研究小组的工作的一项重要内容，是考察亚文化和反文化出现的各种实地研究(Hall & Jefferson，1976；Hebdige，1979)。这些研究是以这种预设为基础的：为了理解一种亚文化或反文化，有必要理解它和主导文化之间的关系，以及它和在亚文化或反文化中出现的社会阶级之间的关系。按照克拉克、霍尔、杰弗逊和罗伯茨等人(Clarke, Hall, Jefferson, & Roberts，1976)的看法，亚文化是作为一种问题的集体解决方式而出现的。工人阶级亚文化为社会阶级成员面临的问题，例如缺乏受教育和就业机会，提供了一种集体解决方式。工人阶级青年通过发展一种确立他们的身份和界定他们群体成员身份的风尚(style)，来处理面临的问题。这种风尚包括产生独特外表的服装、仪式、隐语(俚语)和音乐。在创造一种新风尚的时候，

---

⑨ 弗里思的研究以他于一九七二年在英国北部一个小镇上与下层阶级和中产阶级青少年访谈为基础。

亚文化成员从现存风尚中借用了一些细枝末节,以新的方式将它们重新组合起来。正如结构主义理论所暗示的那样,将这些新的细枝末节置于新的语境之下,它们就获得了新的意义。按照克拉克(Clarke,1976)的看法,新风尚是下层阶级青少年获得某种群体具有的地位和名声、对他们的生活进行某种控制的几种方式之一(p.182)。风尚不仅由这些群体的内部动力产生,而且与占主导地位阶级的态度和行为有关。朋克风尚中的敌对、破灭和衰败等主题,体现了那种亚文化对媒体再现七十年代中叶衰退时期工人阶级青年的方式的反应。朋克风尚获得成功的部分原因在于,它能够反映和象征当代社会问题。朋克向既定的秩序提出象征性的挑战。

克拉克和他的合作者也认为,亚文化风尚是有关青年的大众媒体报告中的首要因素,风尚的因素在群体"耻辱化"(stigmatization)过程中发挥了主要作用。他和合作者指出,大众媒体对像朋克这样的群体的反应是暧昧的。朋克风尚迅速传播到中产阶级和上层阶级,但与此同时,社论和头版文章却对亚文化表现出嘲讽态度,将它界定为一个社会问题。这种情况说明了霍尔的观点:大众媒体规定了对这类亚文化采取的适当态度和反应。结果,它们被转化成潮流,为流行文化工业推波助澜,同时它们颠覆性较强的内容被缓解了。从这种视角出发得到的结果就是霸权:当占主导地位的阶级成功地"削弱、摧毁、取代或吸收了从属阶级产生的替代性的反抗和抵制制度时",霸权就出现了(Clarke et al,1976,p.39)。

英国文化研究没有抽象出少数可变因素,失去这些可变因素从中互动的较大语境,相反,英国文化研究使用一种整体论的研究方法,考察各种社会群体是如何既在微观层面又在宏观层面上互动的。总的来看,这种研究方法最适合使用人种志方法而不是定量方法进行案例研究分析。在此,文化被赋予了一个有影响力的角色,它塑造了特定社会群体的身份,作为不同社会阶层之间冲突的主要场所而发挥作用。

接受理论:意义和受众

同结构主义一样,接受理论起源于社会学之外,就其起源而言,它源于文学批评领域。艾伦(Allen,1989)确认了这种研究方法中的三个主要问题。首先,读者是怎样解读和阐释一个虚构的叙事文本的?这里的目的在于解释,对一个文本的多种解读是怎样产生不同的阐释的。德国文学理论家伊瑟尔(Iser,1978)的理论认为,文本总是"不确定的",意思是说,对人、地点和事件的描述总是不完整的[10]。读者为了理解文本,需要填补空白,但是,因为个体为完成这项任务所使用的方式不同,就出现了各种各样的阐释。

第二个问题是,减少对文本进行多种解读可能性的文本的特点是什么?接受理论认为,文本为读者"定位"(position)。这意味着,文本反映了特定性别、种族、年龄、社会阶级的观点,或其他社会范畴,一般来说是主导意识形态。女权主义者认为,许多流行文本是从男性的视角书写的,这类文本是根据男人对女性的看法来表现女性的。马克思主义者认为,广告将读者定位为消费者。

第三个问题是,读者对文本的阐释是如何受到他或她的社会定位的影响?接受理论假设说,读者属于阐释社群(interpre-

---

⑩ 菲斯克提到的是开放的文本,而不是不确定的文本。

tive community)或不同的读者社群(communities of readers),由于他们身处的背景和环境相似,他们以相似的方式阐释同一文本。有些阐释群体比其他阐释群体更有影响。批评家比一般读者更有权威。来自不大有优势背景的读者产生的影响也较小,但是,随着他们的边缘性降低,他们获得的影响就越来越大(Devault,1990)。

接受理论取代了确定性解读观念。从前,意义完全是由文本表现的,批评家的工作就是要阐明意义。与此相反,读者或阐释社群对文本进行了不同的阐释。然而,文学分析者继续研究文本,但是,他们宣称,他们正在观察读者怎样从文本中获得"对意义生产的教诲"。他们并没有宣称可能的阐释的数量是无限多样的。

不幸的是,对读者如何阐释文本几乎没有什么研究,而且总的来看,这些仅有的研究为接受理论的基本原则提供的证据是冲突的。文本的不确定性和读者的社会定位哪一个更重要,现在的研究还弄不清楚。可从以下问题的角度来提出这个议题:文本中存在信息的程度如何?读者在多大程度上在文本中发现不同的信息,从而暗示文本是不确定的?读者接受文本中信息的程度如何?

格里斯沃德(Griswold,1987)研究了三个不同国度的批评家对一位巴巴多斯作家的小说的反应,在此基础上,她得出结论说,这些小说的意义含混是导致产生各种批评阐释的主要因素。与此同时,批评家们的社会定位——"在一个特定历史和制度的语境下,特定社会群体提出的一系列假设、关注、问题和联想"——使文本的某些特点显得尤其突出,反之亦然(Griswold,

1987, p. 1112)[11]。她认为，批评家在建造他们的阐释时受到了这两类因素的影响。

朗(Long, 1986)对中产阶级妇女进行了研究，她们属于在其中讨论小说与非小说的阅读群体，显然，这项研究是对阐释社群的研究。她将她们对严肃文学的阐释与批评家的阐释进行了比较，试图发现，在评价这些著作方面，这些妇女的看法与批评家的批评观点之间有多大分歧。一般说来，在选择阅读的书籍方面，读者群更多地受批评家的影响而不是根据他们自己对这些书的阐释。与建构自己评价时受职业思考影响的批评家不同，这些妇女从个人的角度——这些著作对她们自身生活有什么帮助——阅读这些著作。事实上，这些妇女阅读这些著作时，就仿佛它们的意义是确定的，从而会积极地帮助她们理解自身。朗(Long, 1986, p. 606)引用一位妇女的话说，"当我看书的时候，我正在寻找我和我的体验。"她们将地点描写和文化描写当做无可争议的真实事物来加以接受。一方面，她们的阐释受到她们作为中产阶级妇女的社会定位的影响，中产阶级妇女根据个人的成功、失败和问题的解决方法，而不是根据社会结构变化的必要性来看待问题。另一方面，她们作为妇女的体验导致她们强调某些细节，这些细节提高她们作为妇女所具有的自我形象，赋予她们作为妇女的体验以意义。

拉德威(Radway, 1984)研究了热衷于阅读言情小说的中下层阶级妇女，他也发现，这些妇女将这些小说中的某些因素当做"现实"，当做有助于她们认识世界的信息的源泉来加以接受，与此同时，她们聚焦于小说中有助于她们作为妇女具有的自尊和

---

⑪ 格里斯沃德(Griswold, 1987)认为文本包含潜在的信息，而否认文本主要是不确定的，丹津对格里斯沃德这种阐释的评认，见 Denzin(1990)。

满足滋养情感的需要的某些内容。没有满足这些需要的小说被读者视为失败之作。这些妇女对这些小说的阐释大大不同于常见臆断，这种臆断认为这类小说是一种刺激性不强的色情作品。

对电视节目《达拉斯》进行的跨文化研究发现，不同国家的观众对这个节目的阐释差别很大，认为这个故事是在描写现实的这种认识程度的差别也很大(Liebes，1988； Liebes & Katz，1988)。[12] 每一个族群都以不同的方式看待这个故事，这是由那个群体中的成员认为故事的哪一方面——情节、人物或道德寓意——最为突出所决定的。

尽管这些研究揭示，对故事的阐释不同是由读者的社会背景决定的，但是，极少有研究试图发现观众对特定文本中的寓意的接受程度如何。换句话说，如果文本为读者定了位，那么读者实际被定位的程度如何？接受理论修正了对于大众文化理论来说至关重要的心灵操纵假说——文本意识形态含义被公众不加质疑地接受。公众成员没有被概念化为文化的傀儡，而是被概念化为能够重新阐释主导意识形态话语以满足自身需要的积极主体。

实际上检验这个假说的极少数研究之一，显然是对电视喜剧《都是一家人》效果的研究。通过讽刺一个下层阶级的种族主义者，这个节目有意去改变人们对待种族主义的态度。通过对比固执的阿尔齐·邦克和他的思想开明的、受过大学教育的女婿，这个节目的目的是培养人们对待少数民族的开明态度。然而，这项研究却发现，这个节目实际上强化了许多观众的固执态

---

⑫ 这项研究将生活在基布兹(kibbutzim，又译合作农场)的以色列人、居住在以色列的阿拉伯人、以色列的俄罗斯和摩洛哥移民，以及生活在洛杉矶的美国人进行了比较。将他们分成五十个组，每一组由三对都是朋友的夫妇组成；对他们的反应进行研究。所有被研究的人都属于中下层阶级，至多受过高中教育。

度(Vidmar & Rokeach,1979)[13]。阿尔齐讨人喜欢,这使得他的固执脾气能够为头脑简单的人们所接受。没有种族偏见的观众和少数民族观众认为这个节目是讽刺;怀有种族偏见思想的观众将阿尔齐的思想当真,赞赏他的种族主义观点。

安(Ang,1982)认为,总的来说,《达拉斯》的女性观众的确接受了它的霸权寓意,即世界不可能被改变,事件是不可避免的。她们没有采取女权主义反叛和激进主义的立场。[14] 女权主义批评家,例如费耶尔(Feuer,1984)和塞特尔(Seiter,1982)提出理论认为,在黄金时间播放的肥皂剧的连续播放形式和多重情节结构,并没有表现明确的意识形态要旨,因而允许观众建构他们自己的意义。与她们的理论相反,安认为,大多数妇女并没有这样做。

菲斯克(Fiske,1984)试图对文本和读者之间的关系在理论上进行最精确的说明。他认为,读者的世界观在很大程度上建立在他们对话语的体验的基础上,话语有助于他们理解他们的社会体验。话语是思考一个社会群体——包括其意义是由文化组织起来的那些领域,例如政治、宗教、科学等——共同面临的特定主题的方式。文化提供了理解社会体验的方式:话语对于这个过程至关重要。读者的意识受到他或她在特殊社会状况下可利用的话语的影响。

根据菲斯克的看法,流行文化产生于共识程度很高以至于这种共识被视为理所当然的话语领域中。如果一个文本的话语

---

⑬ 这项研究使用了两个试样,一个试样是由美国中西部一个小镇上二百三十七名读高中的青少年组成的,从加拿大安大略省的一个小城市的选民册上随机选出一百三十名成年人组成了另一个试样。

⑭ 安的试样由四十二人组成,安在一家荷兰杂志上刊登广告,希望有人写信谈观看《达拉斯》的体验,这些人对他的广告做出了反应。

符合人们在特定的时间阐释他们社会体验的方式，这个文本就会流行起来。他说："流行叙事在它们自身封闭的世界中证明了作为解释、理解机制的话语的适宜性。"（1984，p.70）

换句话说，如果一个文本与读者产生共鸣，它就会流行。一个文本要想流行，它的寓意必须适合读者理解他们的社会体验使用的话语。流行文本向读者保证说，他们的世界观（话语）是有意义的。消费流行文化获得的满足，是人们从确信他们对世界的阐释与其他人对世界的阐释相一致中获得的满足。

接受理论提供了理解文化产品与其公众之间关系的一种方式。它注重文化与受众之间的互动，强调受众的重要性。然而，还有一些问题有待于深入研究加以阐明。

文化变迁、媒体和受众：电视

本章讨论的理论有两个主要弱点：(1)这些理论都没有讨论有利于各种文本生产的媒体中的条件，以及这些条件是怎样随着时间的变化而变化的；(2)这些理论都没有解释当前媒体娱乐中文本意义的广泛变化。

社会学家们一般从社会、经济和政治制度变迁的角度理解文化变迁。赖特（Wright，1975）认为，流行文化反映了社会和经济的变迁，它尤其聚焦于文化价值的紧张和冲突。他宣称，叙事经常解决特定社会内部不同群体之间相互冲突的兴趣产生的张力和歧义；这些叙事将这类冲突戏剧化，指出它们正在得以解决。随着社会发生变迁，人们对文化价值的冲突产生了不同的看法，风俗影片以不同方式表现了文化价值中的冲突。这是因为，社会制度向个体提出应付他们的社会环境的问题。相应地，这就意味着,受众寻求新的叙事结构类型,因为他们指望从这些结构中发现指导自身行为的线索。赖特的阐释规定,随着受众成员体验的社会和经济压力的变化,受众对西部片的需求随着时间的推移而发生变化。然而,这种社会结构的解释存在问题,即它们无法解释不同流行文化形式的意识形态内容在同一时期所存在的巨大差异。为什么在同一个十年时期,情景喜剧是中产阶级价值观念的乐观的和传统的表现方式,而恐怖影片却是否定这些价值的虚无主义的企图?人们对此如何解释?

对文化生产者的忽视可追溯到源于结构主义的一种态度,但这种忽视也影响到英国文化研究和接受理论:这种观念认为作者的意图次于作品表达的意义。菲斯克(Fiske,1984)说:“文本的意义不是作者有意或想要放进去的,而是读者在特定的时间和空间阶段使用文本时所发现的。因此,对于在不同文化阶段(cultural moments)的不同读者,文本的意义是不相同的。”(p. 71)

此外,媒体娱乐可被当做为文化工业工作的文化生产者做出的决定的结果。一般来说,这些生产者根据他们对受众的有限了解,做出有关传播何种类型的文化产品的决定。随着受众的人口统计特点和数量发生变化,针对这些受众的文化产品的性质也发生变化。用接受理论的语言来说,受众构成的人口统计变化影响受众从媒体那里接受的话语的种类,而一种特定体裁的受众的规模影响媒体文本被严格定位或保持老一套的程度。

接受理论认为,指向大量受众的媒体娱乐与其说是被严格定位,不如说它们的意义是不确定的。根据怀特(White,1989)的看法,电视节目经常含有各种意识形态视角,其中有一些视角与其他视角大相径庭[15]。有能为大多数人提供某些东西的一系列自相矛盾的和不一致的意义存在。结果,处于社会边缘位置的个体,例如女权主义者、同性恋者和少数民族,能够以不同于一般观众阐释这些节目的方式来欣赏节目素材。

相反,有人可能认为,针对众多的、异质性受众的文本被严格定位,而针对数目较少、性质较为同一的受众的文本的意义不大确定,因为意义较为固定的产品更容易传达到具有各种不同背景和看法的异质性受众那里。这并不意味着,受众完全接受这些文本中的寓意。尤其需要指出的是,我假设说,针对数量众多的、异质性受众的文本不大容易得到受众商讨性的再阐释,它们要么被接受要么被拒绝。针对性质比较同一的受众的文本为受众的阐释留有更多的余地,在某些情况下,它们需要受众的阐释。无论哪种情况,被广泛传播的话语的特定性质取决于受众的人口统计特征,例如年龄、性别、职业和收入。

以绝大多数、最为异质的受众为对象的黄金时间的电视节目,以最传统的风格表现最传统的寓意。作为四十多年来电视节目的常规内容,情景喜剧几乎没有什么进展。典型的故事套路使用单一的伞状情节或情境以及经常出现的一班人物,它建立在对一个问题界定的基础上,这个问题经历了纠葛、混乱和解决等过程。尽管情景喜剧有时候描写真正的不幸,但是它们总是以皆大欢喜收场。[16]

什么因素导致情景喜剧特征发生变化? 根据我在这里阐发的理论,如果受众的数量和人口统计特征发生了很大的转变,那

---

⑮ 也可见 Feuer(1984)和 Seiter(1982)。

⑯ 霍夫(Hough,1981)估计,从一九四八年到一九七八年,美国电视台播放了将近四百部情景喜剧,意味着在黄金时间播放约两万集(单个集),或每年播放七百集(半个小时一集)。

么情景喜剧就应当发生变化。一部成功的情景喜剧特有的受众约占美国人口的百分之三十。[17] 结果,通过指明什么行为可被接受,什么行为是禁忌,情景喜剧的幽默敦促人们奉行中产阶级的规范。

情景喜剧看待社会制度的视角是白人中产阶级视角。侧重点在个人问题上;没有对社会制度或精英进行讽刺。格雷(Gray,1986)指出,情景喜剧根据白人中产阶级看待美国社会中的黑人的方式来表现黑人男性:黑人男性应当是个人主义者,看不出种族意识,有很强的专业能力,事业成功,社会地位在上升。剧中没有表现种族冲突和黑人集体。白人中产阶级对黑人的看法体现在情景喜剧人物本森身上,格雷(Gray,1986)是这样描述这个人物的:

> 他是一位衣冠楚楚魅力十足的绅士,堪称(黑人)中产阶级专业人员的典范。他不仅能力超群,而且在压力下总是冷静从容。能力和看不见的特性的意识形态接近于"超级黑人",这种意识形态在本森与剧中其他人物之间的关系中得到强化……全部配角都是白人,这只不过增加了本森在场的意识形态意义。(pp.229—230)

尽管就全部人口的比例而言,受众的数量几乎没有变化,但是,全国人口的人口统计特征已经发生变化,影响到情景喜剧的题材。在生育高峰期间(从一九四七年到一九五三年)出生的那一代人正进入青少年时期,在这一时期(六十年代),流行的情景

---

[17] 例如,一九五九年,有五千一百万人观看了《我爱卢西》,占人口的百分之三十二(Andrew,1985,p.139);在七十年代末,有六千七百万人观看了《拉沃恩与雪利》(Grote,1983),占人口的百分之三十一;八十年代末,有七千万人观看了《考兹比奇观》,占人口的百分之二十九(Grassin,1988)。

喜剧中的人物都是青少年或火星来客。在七十年代，当这代人(包括妇女)参加了工作，最流行的情景喜剧人物是一位年轻的职业妇女，她和同事们在工作中构成了一个替代的家庭(surrogate family)。在八十年代，当这一代人生儿育女为人父母的时候，这个十年期当中最流行的情景喜剧以一位五十一岁的五个孩子的父亲为核心人物，他心中"充满虔诚的誓言和良好的愿望"，善于培养孩子(Grassin，1988，p.131)。

泰勒(Taylor，1989，p.166)认为，电视网节目编排者看待观众的方式是矛盾的：一方面，他们越来越认识到服务于不同的人口亚群体的必要性；另一方面，由于广告商和与其他媒体进行竞争的需要，他们试图创造出"多元的"娱乐节目，吸引不同的亚群体中的成员。泰勒说：

> 在很大程度上，大众受众作为电视节目制作人和销售者脑子中的一种建构而存在。为了创造出一种新的大众受众，同时必须使用多元的形象来满足观众异质性需要，以及使用比较普遍的语言来解释观众的异质性。

在七十年代，"人口统计"方法盛行一时；电视网节目编排以年轻、思想自由的高消费阶层受众为对象播放喜剧片，这些喜剧片意味深长地探讨偏见和女性主义(Taylor，1989)。或许由于媒体间的竞争在八十年代明显激烈，在那个十年期，迎合不同人口群体的节目重新开始寻求大众受众，[18] 但是，对于冲突和紧张的探讨只是表面上的(Taylor，1989)。

---

[18] 泰勒(Taylor，1989，p.158)提到了"单亲社群、家庭成员全部为女性的家庭、家庭成员全部为男性的家庭、含有不同种族成员的家庭和全部成员是黑人的家庭"。

与情景喜剧一样，正如电视节目制作人所感觉的那样，肥皂剧中的主题和人物的演化随着美国人口统计结果的变化而变化(Cantor and Pingree, 1983)。坎特和平格里(Cantor and Pingree, 1983)分四个十年期(一九四八，一九五八，一九六八和一九八二年)，分析了电视剧《导航灯》的剧本，以此为基础，他们发现，在一九四八年，这个节目中的谈话几乎都与讨论价值有关——人们应当怎样生活，他们应该做什么和不应该做什么。在下一个十年期，表现价值和理想以及为生活提供指导方针的交谈减少了，被有关家庭关系、医生、健康和生意的交谈所取代。一般说来，这些交谈确认了家庭和家庭角色的重要性。到了八十年代初，这个节目中人物与其说在讨论家庭问题不如说在讨论商业事宜。职业女性人物大大增多，她们的工作性质发生了改变，从诸如售货员和护士这样的传统女性职业向地位较高的专业人员和商业职业转变。

在八十年代，为了吸引较年轻的观众，肥皂剧的套路发生了重大改变。仅在一个播放期(一九八二年)，《导航灯》中三十岁以下人物的比例就从百分之二十五增加到百分之六十七(Intintoli, 1984)。因为热衷于消费的年轻新受众不再倾心于肥皂剧，强调情节更甚于强调人物的新故事逐渐产生了。人与人之间的关系和问题的重要性下降。新故事的背景不再以单一地理位置为中心，相反，这些背景更具有异域风情，并且一直在变换。根据卡维尔第(Cawelti, 1976)的套路类型学，一些肥皂剧从情节剧转向探险故事，特别是转向间谍故事。与此同时，其他肥皂剧还保留这些特点。肥皂剧的受众不再限于单一类型的妇女；相反，肥皂剧被确认存在各种不同类型的观众，因为存在着一系列相应的娱乐节目，其中一些节目明显超出了肥皂剧套路的传统界限。八十年代初总共播放了十三部不同的肥皂剧，每一部都不相同(Allen,1983,p.101)。换句话说,这种体裁增生了许多在内容和价值观念方面与特定的亚受众相一致的亚体裁[19]。

文化变迁、媒体和目标受众:电影与畅销书

在战后逐渐出现的媒体占主导地位的社会中,媒体界定它们的受众的方式的变化,在一定程度上反映了它们与其他媒体的关系、它们对自己的受众的人口统计特点的看法。这些变化与影响到文化内容的社会变迁相互作用。因为不同的体裁以不同的受众为目标,一种特定体裁针对的受众性质的变化,导致这种体裁内容发生变化。与高生产成本结合在一起的少数大公司之间的竞争,促使生产这些素材的公司寻求为数众多的、异质性受众(例如耗巨资拍摄的大片和黄金时间播放的电视节目)。与更有影响力的媒体的竞争迫使文化生产者采用寓意不那么固定的文化产品,以专门化程度较高的受众为争取的目标。

例如,赖特(Wright,1975)认为,正如受众所见,虚构素材的变化反映了社会的变迁,他的这种观点不足以解释五十年代中期畅销小说和西部片描写美国社会的方式发生突变。因为这些变化与美国社会中的一种重要媒体——电视的出现同时发生,所以,从老式媒体的受众性质发生转变的角度来阐释这些变化

---

⑲ 在七八十年代,白天播放的连续剧的小时数增加了。在一九六〇年,每天白天播放二百一十分钟的连续剧,到了一九七〇年接近五百分钟,在八十年代增加到六百九十分钟(Cantor & Pingree,1983, pp.48—49)。在一九七〇年,每周将近有五千万观众小时用于观看白天播放的连续剧,到了一九八〇年,达到八千五百万,增加了百分之七十。同一时期的美国人口增加了百分之十一。在八十年代,夜间播放的连续剧,例如《达拉斯》和《豪门恩怨》非常成功。

似乎更为合理。[20]

由于引进了电视,西部片的受众发生了重大变化,以至于相对于从前的受众而言,对于这批受众来说,某些问题对于当下的受众显得更为突出。尤其值得注意的是,电影受众的人口统计特征在总体上发生转变,从来自全社会的异质性公众转变为青少年和年轻人群体,其中绝大多数人是男性。赖特(Wright,1975)指出西部片特点发生了变化——从强调为挽救社会而进行的打斗(因为在早期影片中主人公与社会重新整合),到强调为了打斗而打斗和无目的的反叛——这些变化与这个特殊群体的世界观是一致的。[21] 换句话说,媒体性质的变化导致新的人口统计群体在西部片的观众中占主导地位,他们的趣味影响到以后的影片的成功,导致这种体裁发生重大变化。

朗(Long,1985)发现,在三十年之间(1945—1975),美国畅销小说对美国社会及其主导价值的批评越来越强烈。朗(Long,1985)从一九四五年到一九七五年的畅销书中每年选出十本精装畅销书进行研究,他发现,成功是这些书中的一个重要主题("一件极为重要的事情")。在第一个十年期(1945—1955),畅销小说反映出乐观主义和信心。它们描绘出一幅理想化的美国社会图景,解释了当时实际发生的冲突和变迁。小说中没有贫困和社会冲突,穷人和富人之间没有利益分歧。人物主要来自于上层阶级;表现下层阶级还是用固定不变的方式。

在下一个十年期,畅销小说对美国社会的批评越来越多。它们开始反映美国社会的变迁,例如小公司的衰落和限制个人

---

⑳ 尽管定期播放的电视节目在美国始于一九四一年(Fink,1974,p. 107),但到一九四九年只有一百万台电视机在使用。然而,到了一九五九年,使用的电视机达到五千万台,大致相当于每三点五人拥有一台。

㉑ 卡米尔·培根—史密斯做出此种阐释,为此向他表示感谢。

成功的大公司逐渐占据主导地位。朗(Long,1985)说:“社会变化带着巨大的力量闯入小说世界。”(p. 104)经济成功失去了它具有的赋予生活以意义的能力。

在她所研究的最后一段时期(1969—1975),随着富裕与工作伦理之间的紧张状态加剧,畅销小说表现了一种“世界观危机”。经济成功、富裕和实现个人抱负被认为越来越难以企及。公司里的工作被表现得毫无意义,郊区家庭的角色还是老样子,休闲和性被表现为商品。

尽管朗在阐释畅销小说的变化时认为,这些变化反映了阅读和撰写这类图书的美国中产阶级所处社会状况的变化,[22] 但是,有人可能认为,这些变化是畅销小说受众的社会阶级背景变化所造成的。因为看电视逐渐成为人们打发时间的重要方式,中产阶级上层成为精装畅销书的主要受众。为了吸引这种较特殊的受众,作者们发现,有必要比以前更精确和独到地反映这种受众关注的事物。

这一时期的科幻片和恐怖片的内容发生类似变化,进一步证实了这个假设。在四十年代和五十年代,当受众的数量和类型还比较多的时候,与同期的科幻文学相比,科幻影片要肤浅和传统得多(Brosnan,1978; Baxter,1970)。这些电影的情节简单,人物性格单一,各个影片中人物所处的背景几乎都差不多。这些电影一般都替当时的政治和道德风气吹嘘。按照布罗斯南(Brosnan,1978)的看法,“这种电影体裁利用比较廉价和给人印象不深的相同主题的变体,无休止地重复自身”(p. 73),这些相同主题包括核辐射、外星人入侵、外星人占领的后果和世界毁

---

[22] 正如朗(Long,1985)指出的那样,畅销小说的作者主要是男性。据信,精装畅销小说的读者绝大多数是女性(Ohmann,1983)。

灭。按照桑塔格(Sontag,1969)的看法,这些电影的情节与经典的西部片情节很相像:一位强壮有力、坚不可摧的英雄人物代表善良的人们与邪恶势力作斗争。

在七十年代中期,科幻片的生产数量大幅度上升。主要电影制片厂生产高预算科幻片,例如《星球大战》和《第三类接触》,在电影技巧而不是在内容方面有惊人的新进展。按照泰勒(Tyler,1972)的看法,高预算的科幻影片是乐观的而低预算影片是悲观的。对此以下事实可做出解释:高预算影片以多数和异质性的受众为对象,无论从意识形态内容还是从风格角度上看都很传统。

电视上的科幻片,正如不同凡响、大受欢迎的系列片《星际旅行》所反映的那样,对人与技术之间的关系和人应付陌生环境的能力进行了极为乐观的阐释(Blair,1982)。《星际旅行》缓解了人们对带来深刻变化的技术能力的焦虑。每一集都强调人在机器,尤其是计算机面前的优势。主人公将知觉和理性判断结合起来,一次又一次战胜了计算机的机械智慧。《星际旅行》的基本思想是传统的;只有背景不是传统的。结果,甚至在未来主义的背景中,通过继续强调个体战胜机器代表的超人,从而创造出一种永恒和安全的幻象。

以年轻男性受众为对象的低预算影片[23],内容和风格很不相同。弗兰克林(Franklin,1983)分析了从一九七〇年到一九八二年这段期间发行的五十二部影片,这些影片的全部或部分背景被置于未来之中。他发现,其中只有三部儿童影片是乐观的。

---

[23] 这些电影的观众的规模表现在以下事实当中:在本节讨论的六部最新影片中,有五部被列入《综艺报》(Variety)上的当年总收入最高的一百部影片中;它们全部进入前五十名。

其余都极为悲观，它们表现了人类的行为和发明，例如污染、残食同类、计算机、生物战争和热核战争，直接或间接造成的灾难性的未来。三十年代的科幻影片将未来的城市描绘为技术进步产生的奇迹，相比之下，这些影片所描绘的主要城市只剩下一片瓦砾，或居住着非人非兽的突变体。在五十五部影片中，没有一部描绘美国社会将在民主制度的管理之下；相反，它们表现了各种形式的集权主义。太空旅行被表现为地球上的居民掠夺和毁灭宇宙其余部分的手段，或将毁灭人类的各种生命带到地球上的手段。

同经典西部片一样，这些影片的情节经常以一个孤独的主人公为中心，他孤身一人或带着一两个帮手同完全不可能存在的怪人做斗争(Wright，1975)。然而，与经典西部片的主人公不同，那些主人公做了一些有价值和相对来说永恒的事情，这些影片中的主人公的英雄主义和胜利是没有关联的。没有迹象表明他们的努力会改进他们所面临的状况。

在同一时期，同样是为年轻男性受众生产的低预算恐怖片，沿着类似的方向演化，但是它们变得更加悲观、虚无，与中产阶级行为准则和意识形态的基本信条相对立(Crane，1988)。在这个过程中，它们完全同以前的恐怖片的构成因素相反。四十和五十年代的恐怖影片将危险和恐怖归因于从外界入侵人类社会或由实验失误产生的动物，它们遵循的文学传统至少可追述到十九世纪初。这些行为可怕的怪物活动的背景是与世隔绝的古厦或城堡、墓地或疯狂的科学家的实验室。在七十和八十年代的恐怖电影中，恐怖体现在普通人身上。克兰(Crane，1988，p. 372)说："它们就是我们，不知道我们自己什么时候会像怪物那样行事。"这些可怕活动发生的场所都是常见的公共场所，例如商店区、大街和典型的小镇。有意将背景设置在常见的地方就是为了让每一位受众感到熟悉。怪物的目的是通过残食或撕裂，以及通过人死后举行的可怕的仪式活动来毁灭人体。

早期恐怖电影和恐怖故事的基本假设是，通过科学，或通过人的努力，怪物能够被制服，在这一过程中，能够以某种最终令人欣慰的有意义的方式理解怪物(Cawelti，1976，p.49)。相比之下，当代恐怖影片是围绕以下前提构思的："所有的集体性行动都将失败；当人们陷入恐怖之中时，知识和经验毫无价值；如果威胁性的毁灭出现，它就无法保证未来是安全的：威胁将会返回。"(Crane，1988，p.374)

另一个主题是，传统的善行没有价值而且招致危险；好人比恶人更容易成为牺牲品。克兰(Crane，1988)说："任何一种利他主义都不会得到报偿。只有自私的人得势……协作精神已经不合时宜。"(pp.376，377)在所有的这些影片中，残酷、辱骂、胆怯和自私被表现为典型的和正常的社会行为。

这些电影在各个方面都与情景喜剧形成反讽对比。情景喜剧赞颂中产阶级价值，如利他主义、追求共同目标的共同活动、爱慕、互相尊重、拒绝暴力以及相信作为今天活动的必然结果的未来，而在恐怖电影描绘的世界中，这些价值是荒唐可笑或无意义的。同科幻影片一样，它将未来描绘成无意义和恐怖的。尽管情景喜剧在很大程度上依然属于以上所描述的定型不变的现实主义范围，恐怖片已经放弃了有逻辑的情节和人物发展的传统手法。情景喜剧的每一段的末尾都使人物回到情节开始展开之前就存在的境况中；恐怖片没有结尾，这暗示说，已发生的可怕事件在电影结束之后将无休止地继续进行。情景喜剧的受众被认定与英雄或紧要关头时出现的好人认同，但是，恐怖片的受众似乎与恶棍而不是与英雄认同。他们似乎乐于看到他们文化的丧失，正像影片《死者的黎明》的走红所表明的那样，这部影片讲的是蛇神占据了一家购物中心的故事,它已经成为在全国商店区播放、喜闻乐见的午夜节目(Modleski,1987)。最后,情景喜剧在异质性的家庭受众中大受欢迎;恐怖影片在性质比较同一的青年男性受众中大受欢迎。[24]

结　论

总而言之,尽管某些类型的流行文化,如畅销小说、西部片、科幻片和恐怖片,在过去的三十五年中,变得越来越悲观、虚无,对美国社会(或明或暗)的批评越来越多,但是,其他类型的美国流行文化,例如电视喜剧和肥皂剧则不然。无论被预期的受众的类型是异质性的还是他们的社会属性较为同一,都影响所传达的寓意的性质。一般来说,受众越有异质性,他们就越能接受模式比较固定和意识形态较传统的产品。产品越老套,它的意义就越容易传播到背景和观点多样的受众那里。比较神秘和意识形态异常的素材,能够传播到具有特定人口特征或综合各种人口特征的**狂热**受众(例如年纪较大的中产阶级妇女或年轻的工人阶级男子)那里,因为这些受众应当熟悉传播这种素材使用的"符码"。这表明,媒体娱乐决不仅仅是对社会变化的反映或反应,就像一个特殊社会阶级的成员所认为的那样,它也不是能够以多种方式进行阐释的各种主题的异质性联合。相反,每一种媒体的文化生产者都将内容塑造成他们持续界定和重新界定受众所使用的方式的功能。

㉔ 按照迈耶斯(Meyers,引自 Crane,1988,p. 378)的看法,这些影片获得了极大的经济成功,因为,与它们吸引的受众的数量相比,它们的成本非常低。

第六章　城市中的阶级文化：文化组织和都市艺术文化

尽管文化工业将其产品销往全国市场，许多小文化组织却面向都市中的受众生产和传播文化产品。都市文化是由小文化组织生产和销售的，面向无论在年龄、社会阶级、族群或种族背景，还是在教育等方面都很相近的受众。当这些受众主要来自于中产阶级或上层阶级时，这些文化产品通常被界定为“高雅文化”。其中一些文化产品深奥难懂；有一些在内容方面与大公司销售给全国受众的文化并没有什么大的不同。

一般来说，针对来自于少数民族或下层阶级群体受众的都市文化没有被称为高雅文化（例如黑人和拉美戏剧以及都市贫民区里墙上的涂鸦之作[graffiti]和壁画）。这些文化产品有时候很难懂（例如爵士乐）和很晦涩；其他文化产品很可能与几百年前的艺术或当前全国文化工业生产的流行文化相似。

某些种类的都市文化一直被认为属于控制交响乐团和博物馆这类组织的精英们，它们在这些地方演出或展出。在十九世纪，精英们通过控制文化组织来确立他们的社会地位（DiMaggio，1982）。精英们控制这些文化种类，结果将它们的受众限制在精英范围内，与其他类型的都市文化例如戏剧、手工艺品展销、游行和演出音乐的俱乐部相比，这些都市文化类型显得更加突出。其他都市文化形式更有可能受到来自中下层或工人阶级背景的群体的控制，它们经常受到这些阶级内部一个特殊族群的控制。例如，表演爵士乐或布鲁斯的俱乐部通常在黑人居住区，而摇滚乐俱乐部常常设在下层阶级白人居住区内。游行是一些都市文化的一项重要组成，是属于中下层阶级或工人阶级的特殊族群组织的（例如费城的化装游行或全国各地的圣地兄弟会游行）。[①]

上层阶级和中产阶级文化是由致力于这种目的的组织传播的，它们为文化创造者提供了一定程度的支持和稳定性，在当地媒体中享有相当高的声望，非常引人注目。下层阶级文化是由并不致力于这种目的的组织，例如酒吧、夜总会和咖啡馆，传播的。这些文化世界在当地媒体中名气较小，也不那么引人注目，而且往往受到都市开发者的忽视。由于族群成员之间相互通婚或向社会上层流动，他们参与这类组织特有的文化形式的活动减少。结果，下层阶级的都市文化的存在往往比较短暂。

从社会学视角来看，都市文化是阶级文化，正因为此，它们反映了消费这些文化的社会群体的价值、态度和资源。人们认为他们限定了政治和经济界限，在总体上巩固了精英们和城市的声望；城市的文化资源被等同于精英的文化资源。从声望和社会地位角度阐释社会精英对文化的兴趣，可认为它是谋私，但在经济上，它是无功利可言的（Baltzell，1979； DiMaggio，1982）。

今天，有许多因素促使人们质疑这种都市文化模型。首先，这种模型过分强调精英们的影响，既忽视了非精英都市文化的存在，也忽视了精英在都市文化中影响在下降这一事实，因为他们已经无力为诸如交响乐团、歌剧院和艺术博物馆这类组织提供全部预算。随着这些组织转向其他资助来源，主要是公司和

---

① 在一九九〇年，纽约市有七百六十五场游行，其中绝大多数是种族团体资助的。

政府机构，它们不得不吸引更能代表全部人口的受众。其次，新的参与者，例如对都市文化的精英形式越来越有影响的商业公司和都市开发者，并不是无功利性的，一般来说，他们直接或间接试图从他们与这些文化形式的联系中牟利。

再次，现存的都市文化的精英控制模型以城市社会组织模型为前提，这种城市组织模型适合美国较古老的城市而不适合较新的和发展最快的都市地带。中心居住区界限分明、文化组织繁多的城市，在提供的文化产品的性质和种类方面与所谓的公司城市区别很大，这些公司城市分布极为分散，城市的郊区商店区和社区中心提供市中心所需要的东西。

我将在本章中提出为都市文化，精英的和非精英的，分类的一种方法，指出它们的相似之处和区别，还有它们对于公众以及对整个都市环境的意义。

文化世界：比较与分类

美国大城市展现的各种各样的文化令人眼花缭乱，从在墙上的涂鸦之作到歌剧，无所不有。为了比较这些文化出现的环境和它们对它们的都市环境产生的后果，有必要找到一种为它们分类的方法。贝克尔（Becker，1982）称这些都市文化为艺术世界。他强调，艺术品生产是一个合作过程。这些艺术家不是完全孤立进行工作的天才，在生产和向公众传播他们的作品时，他们依靠别人的帮助。

艺术世界或"文化世界"的概念能够适用于都市文化的所有形式，既包括被称为高雅文化的那些形式，也包括不被称为高雅文化的那些形式。文化世界的组成成分如下：(1)文化创造者和以各种方式赞助他们的人。(2)惯用技巧(conventions)或者对文化产品应当是什么样子的共识;在提供评价和欣赏文化产品的标准方面,它们十分重要。(3)把关者,例如评价这些产品的批评家、博物馆长、流行音乐唱片节目播音员和编辑。(4)这些活动从中发生或以之为中心的组织(如博物馆和美术馆)和演出的组织(例如剧院、交响乐团和夜总会)以及生产组织(例如小唱片公司、出版社和杂志)。(5)在特定背景下在决定展示、表演和销售何种文化产品方面发挥重要作用的受众。②

根据典型地消费不同文化世界的受众的社会阶级和产生文化世界的环境——网络、以赢利为目的的小公司和非赢利性的组织——的主导特征(Gilmore,1987)③,我将区分出不同的文化世界。换句话说,我将论证,在每一种语境之下生产的都市文化都有其独特特征(表6.1)。

有一些都市文化是在创作者和消费者组成的非正式社会网络的语境中创作出来的。一种特定类型的文化的创作者和经常惠顾的消费者,有可能互相了解和相互作用。经常惠顾的消费者有可能熟悉构成文化产品基础的创作手法,而不经常惠顾的消费者不大可能在社会上与之融合或在文化上了解它们。植根于这些网络之中的文化组织,提供了生产、传播和展示这些作品

② 贝克尔(Becker,1982)并没有强调组织或受众在艺术世界中的作用。因此,他的都市文化观念不如这里提出的都市文化观念全面。

③ 吉尔摩(Gilmore,1987)将纽约的当代音乐会世界分为三类:(1)专场音乐会音乐,(2)学院派音乐会音乐,(3)先锋派音乐。这三种音乐会生产的组织的复杂程度不同,专场音乐会最复杂,先锋派音乐最简单。吉尔摩认为组织复杂性与创新成反比。根据表6.1,专场音乐会存在于非营利性组织;学院派音乐存在于孤立的网络中;先锋派音乐存在于交叉网络中。我扩展了他的类型学,将其他类型的都市艺术包括在内。

表 6.1 都市艺术文化的社会组织

创作者、表演者和企业家组织类型	消费者的社会阶级 中产阶级	工人阶级
以网络[④]为导向的孤立网络	学术性实验音乐	爵士乐、墙上涂鸦、激进戏剧
交叉网络	非学术性的实验音乐 先锋派艺术、摄影、舞蹈 外外百老汇戏剧 艺术摇滚乐	
以赢利为目的的组织	百老汇戏剧 以美术馆为中心的艺术风格 装饰艺术 艺术家——工匠	布鲁斯、摇滚乐俱乐部 工艺品
非赢利性的组织	博物馆 歌剧 地方戏剧 交响乐团	福音音乐 游行

的资源。社会网络与小文化组织的结合，对于无论具有美学原创性还是引发意识形态思考，或兼有二者特点的文化生产，似乎都有促进作用。部分原因在于，这些网络吸引了对文化可能持有新看法的年轻人，以及它们在创作者自身当中以及在创作者

④ 本章中的网络(network)多指艺术家以及艺术爱好者形成的小圈子。——译注

和受众之间提供反馈。新文化风格的出现通常伴随着新社会网络的出现,这些新网络有时候作为现存网络的子集(subsets)而出现。当这些网络相互交叉,它们提供条件与其他种类文化的创作者相接触,使得新思想和新的研究方法迅速从一种网络扩散到另一种网络。这些网络一般与文化创作者常常聚居的特定居住区联系在一起。因为这些网络常常很脆弱而且存在时间短暂,都市社群的创造性资源处于持续不断的流动中。

第二种文化世界是围绕以赢利为目的一些小公司组织起来的。在此,创作者活动的焦点成为组织本身,而不是同行创作者网络。他们的目标在于生产取悦于受众或顾客的作品而不是使受众或顾客感到惊愕或刺激的作品。一些这类创作者与贝克尔(Becker,1982)所理解的艺匠很相似;他们更倾向于生产美丽和谐而不是独特和刺激的作品。与网络创作者相比,自主对于他们没有那么重要。他们很可能接受出售或传播他们的作品的公司老板们的建议和指示。这种中产阶级组织的存在就是为了销售文化产品或演出。下层阶级组织更有可能提供这类活动发生的地点,作为这个组织的主要目的的补充。

第三种文化世界是以非赢利性组织为中心而组织起来的,一般来说,它们的目标在于保存现有的艺术和种族传统,而不是创造新传统。这里的创作者经常是对大多数已故创作者的作品进行重新阐释的表演者。中产阶级的非赢利性组织注重保持审美传统,而下层阶级非赢利性组织注重维护种族传统。

正如我们所见,与不同类型的文化世界相关联的的文化产品具有不同的审美特征。相应地,当一种风格从一个文化世界转移到另一个文化世界的时候,它一般会在审美特征方面发生重大转变。我将指出,不同类型的戏剧属于不同的文化世界,这些文化世界影响了它们表现的素材的性质。爵士乐原产于下层阶级以网络为导向的文化世界,但它现在处于几个不同的文化世界中,这可以解释这一事实:具有多种特征的音乐仍然被称为"爵士乐"。

最后,这些不同类型的文化世界每一种所处的都市居住区各不相同。中产阶级的以赢利为目的的组织和非赢利性组织往往处于非常繁华的商业区,各组织之间相距很近(McCall,1977,p.35)。以网络为导向的文化世界,以及下层阶级的赢利性组织和非赢利性组织一般位于房租很低的居住区,因为它们的活动不可能带来很高的收益(McCall,1977; Simpson,1981)。这些组织往往集中在其受众在周末聚会的街上。近几十年中,以网络为导向的文化世界的存在有助于中产阶级向市中心迁移(Zukin,1982;Simpson,1981)。

以网络为导向的文化世界

以网络为导向的文化世界是由植根于社会圈子内以相似创作风格工作的创作者网络组成的。社会圈子是由其他创造者以及赞助人和以创造者为导向的公众组成的,他们与圈子中的许多其他成员有着直接或间接的联系(Kadushin,1976)。

围绕非正式社会网络组织起来的下层阶级文化世界与中产阶级文化世界之间的区别在于,前者很可能比较孤立,而后者可能与其他风格和艺术的网络相交叉。他们之间的区别也表现在:中产阶级文化世界更容易接近赞助人和小组织,例如以艺术家为中心的美术馆(Bystryn,1978)、主要是为了满足他们的需要而存在的阁楼和艺术中心,以及其他地方,例如教堂和学术机构,它们乐于提供成本低廉的设施。这类环境的优点在于,艺术家是活动的中心,他们控制活动;艺术家用不着解释自己的作品,因为受众已经具有足够的知识。受众成为创造者的支持群体,支持创作者抵消他们在一般公众中看到的对立(Simpson,1979)。

无论以网络为导向的文化世界孤立于其他网络,还是与其他领域中的创作者网络相交叉,都会影响到他们的作品的可接受性(accessibility)和多样性。例如,学术环境中产生的实验音乐听起来不同于都市艺术社区中产生的实验音乐。在学术环境中工作的作曲家创作的音乐实际上是一种纯粹的学术研究形式。这种作品的典型是弥尔顿·巴比特的序列音乐,这种音乐是建立在当代数学,尤其是集合论,还有哲学、语言学、心理学和声学等发展基础上的(Rockwell,1983, p.27)。巴比特和他的追随者们创造了一种新颖和非常玄奥的音乐分析语言,外行根本不懂这种语言。大多数外行,甚至大多数职业音乐家都理解不了他们的音乐研究,他们丝毫不为这种情况所动。相反,他们认为这种不可接受性表明他们的音乐已经达到高等数学和理论物理学的复杂程度。在巴比特及其追随者看来,重要的音乐只能经过对乐曲的透彻分析才能理解;其他人认为这种声压分析"钻牛角尖儿和'学究气',最引人反感"(Rockwell,1983, p.30)。

学术界似乎鼓励发展和保留一种建立在专门化基础上的独特的音乐特性,专门化往往阻止这种音乐增生为亚属和与学术界以外的其他音乐形式相融合。吉尔摩(Gilmore,1987)对纽约的这群音乐家的描述表明,这些人当中存在一个社会圈子,这个圈子有诸多由经常参与,甚至习惯参与的协作者组成的亚群体。几乎没有迹象表明这些作曲家与其他艺术形式的创造者相互影响。

交响乐队不大愿意表演实验音乐作曲家的作品,这意味着学术界已经成为许多作曲家获得支持的主要源头。在罗克韦尔(Rockwell,1983)看来,“显而易见,教学是作曲家在我国谋生的主要手段,这个环境对于他们创作的音乐的种类具有明显的影响”(p.32)。

尽管许多当代作曲家在学院中找到安身立命之所,但是,还有一些作曲家仍然留在大学之外,在那里工作使他们受到比较广泛的影响。在纽约,这些作曲家居住在成为各类艺术活动中心的市中心,例如格林尼治村、索霍区(SoHo)和最近出名的特里贝卡(Tribeca)。按照吉尔摩(Gilmore,1987)的看法,先锋派作曲家将这种环境描绘成“大家彼此认识的‘社群’”(p.220)。

毫无疑问,这个群体最重要的成员是约翰·凯奇。与巴比特和他的追随者们不同,这些人的音乐几十年中几乎没有变化,而是越来越集中在一系列特定问题上,凯奇的音乐风格发生了重大转变,广泛地涉及到各种研究方法论和声音的研究方法(Rockwell,1983,p.50)。在他的全部音乐生涯中,通过与画家、诗人和舞蹈家协作,他得益于先锋派文化世界中交叉的创作者网络,较年轻的作曲家们,例如菲利普·格拉斯,仿效了这种模式。在凯奇看来,外行的作用是很重要的,因为按照他的观点,在某种意义上,每一位听众在作曲家作品的基础上产生自己的音乐体验。凯奇的音乐哲学没有把一系列不同的音乐问题当做惟一适合当代作曲家注意的对象,相反,他的音乐哲学极其宏大和兼收并蓄,使青年作曲家放心大胆地进行各式各样的实验。

吉尔摩(Gilmore,1987)认为,这个社群的人数少,作曲家与少数其他同时也是作曲家的音乐家合作不定期演出音乐会,这意味着这个社群不需要音乐惯用手法的标准化。相应地,这有助于乐器和作曲技巧革新。

一九四五年以来,纽约先锋派绘画文化一直在同一市中心地区稳步扩展。**先锋派**这个概念非常模糊。许多作者用这个术语指称几乎所有的艺术运动，而其他作者则用它指称某些运动，一般指对立于主导社会价值或地位已经确立的艺术手法的那些运动（Poggioli，1971；Bürger，1984）。对于先锋派的讨论最重要的是有关艺术家的审美和社会角色相对重要性的争论。艺术家应当既是社会批评家又是审美创新者吗？这两种角色的相对重要性是什么？先锋派的不同之处在于，他们向确立的艺术手法、艺术和社会机构提出挑战的方式不同，他们挑战的程度也不同。

只在特定情况下**先锋派**这个标签才贴给一群艺术家。被界定参与了与先锋派相关的活动的奉行某种艺术风格的艺术家，必须在其他艺术家已经接受那种界定的、以网络为导向的文化世界中工作。此外，他们彼此之间必须有一种社会群体意识。他们的自我意识越强烈，他们对艺术活动的各种范畴的重新定义就越有可能被文化世界的成员当做先锋派。换句话说，它从中出现的社会语境对于它被视为先锋流派至关重要（Crane，1987）。

奉行某种风格的人所从事的艺术品生产，是一项社会活动，在这项活动之中，艺术家经常观看其他艺术家的作品以便证实他们本人对艺术知识的看法，就像其他领域的创新者需要社会证实他们的作品，以此表明他们的作品是一项创新一样。从社会学角度看，一种风格是一群艺术家所共有的表现自己思想的一系列文化符号和技巧。作为一种群体现象，奉行某种风格的人互相仿效，相互交换思想，但相互影响的程度不同，在这种意义上，一种风格体现了对审美问题的某种合作努力。艺术家与一种特殊风格的联系是各式各样的，各种风格之间，因信奉者参与以特定风格为中心的艺术社群的程度不同，差别相当大。在界定和传播这种风格方面，一些艺术家充当了重要角色。其他的艺术家只是在这种风格受到公众注目后，才由批评家将他们与这种风格联系起来。

少数艺术家的风格定期发生改变，但是，大多数艺术家在他的风格已不被认为在艺术世界中具有美学挑战性很长时间之后，还继续使用同一风格进行创作。事实上，尽管新风格以可预见的规律出现，但旧有的风格却并不消失，所以目前在纽约可发现以各种各样的风格从事创作的艺术家。风格使一些艺术家长期为之献身，这表明每一种风格都反映出一种独特的世界观。

为了销售作品和在当前的社会网络之外扩大影响，网络创造者必须从艺术世界中得到认可。艺术风格的信奉者在评价、展示和销售他们作品的把关组织网络中活动。由于他们的作品是建立在对一件艺术品的构成内容进行新的或修正的界定基础上的，购买者必须被社会化以便欣赏它的独到之处。一种极端新颖的风格常常能吸引以前没有介入市场的收藏家。在其他情况下，必须让收藏相似或相关风格艺术品的收藏家认识到这种新风格的相对重要性。结果，在为实际上尚不存在的市场生产未知商品(一位观察者将其比做"神话中的交易")的网络创作者看来，把关的过程是有争议的。

为了获取成功，一个特定网络的成员必须从艺术世界或从艺术世界的周边获得一个支持者核心或"一批拥护者"。这类拥护者应当来自于：(1)向私人收藏家展示和销售艺术品的艺术馆，(2)为艺术批评家提供论坛的艺术期刊，(3)某个组织的赞助者，包括博物馆和公司。

马尔凯和查普林(Mulkay & Chaplin，1982)提出了这个过程运作的三种模型。根据美学评价模型，预先存在的美学标准被用于评价新的文化产品。对于美学标准和应用这些标准进行评价的特殊作品的相对重要性，把关者之间达成了共识。根据这些标准评价一件文化产品，这件作品要么成功要么失败。因为这种模型暗示，存在着可被应用于所有类型的文化产品的普遍判断标准，至少在一种特殊的文化形式内部这种普遍判断标准是存在的，在文化风格迅速变化时期，它的可信性是存疑的。

另外，根据文化游说模型，每一个新的文化创造者团体都为适用于他们的文化产品的审美判断制定新标准。如果这些新标准被把关者所接受，这个新团体就获得了成功。换句话说，文化创作者对把关系统不会产生影响，但作为具有共同的文化产品创作和评价标准的群体，他们能够对把关系统产生影响。最后，根据社会影响模型，文化创作者获得成功是因为他们得到有影响的把关者的赞助。通过施加个人影响和使用物质资源的过程来获取成功。

后两种模型并非相互排斥。最成功的艺术家一般在一种新风格的语境中扬名。然而，他们的成功与这种风格的其他信奉者有关，他们的成功常常反映出他们成功地得到了有势力的良师，例如批评家、商人和博物馆长等人的支持。随着艺术世界规模的扩大，有势力的美术馆和收藏家的赞助对博物馆收购产生了越来越重要的影响(Crane，1987)。艺术市场特征和较大的社会语境的变化，影响到在特定的时期内得到广泛注意的风格的种类。这些风格被视为那个时期的典型风格。

中产阶级艺术团体得到一系列组织，例如艺术学校、期刊、美术馆、艺术中心和博物馆等的支持，但是极少有组织为下层阶级艺术群体着想，下层阶级艺术群体几乎没有机会接近中产阶级组织。这些障碍能够被克服，拉赫曼(Lachmann，1988)对七十年代末纽约的涂鸦者的壁画作品的分析表明了这一点。[⑤]

这些年轻的黑人画家形成了一种学徒系统和一种考核系统，在其中新手能学到在地铁车厢上绘制壁画的各种技巧，同侪画家聚集在纽约地铁车站的“作者之角”品评彼此的作品，作者之角的作用在于将整个城市不同居住区或网络内的壁画家聚集在一起，在这个地方确立声誉和相互认可。拉赫曼(Lachmann，1988)说：

> 壁画家们定性的风格观念使得他们形成一个整体的艺术世界，构想出评价彼此壁画作品的美学标准，确定哪些内容和技巧的创新可被断定是壁画艺术风格的进步。地铁车厢上的壁画的移动，使风格的比较成为可能。作者之角提供条件使壁画画家与同侪相互联系，他们构成了具有为风格扬名的经验和识别力的受众。(pp. 242—243)

这个社会组织被警察摧毁之后，壁画家的活动地点转移到了先锋派美术馆，在那里，随着先锋派的奖励制度和在较大范围内成名的机会取代了他们自己的美学标准和艺术创作的程序，他们的作品在不同的方向上发展。

作为下层阶级以网络为导向的文化世界的爵士乐和摇滚乐

与任何其他文化形式相比，流行音乐以欣赏独特风格的趣味的零散化为特征，非流行音乐迷无法就乐曲和歌词理解这些独特风格。生产和传播音乐以及在市场上谋求一席之地的组织

---

⑤　从事涂鸦创作的艺术家分为两类：用镀锡薄铁皮做标签写下每位作者所特有签名的签名画家和在墙上而不是在标签上作画的壁画家。

数量稳步增多，造成了音乐舞台日益分化。在市场上，不同的年龄段群体和文化阶级的相对重要性正在继续转移。这也是在一种特殊音乐体裁发展的不同历史时期可能呈现为不同形式的都市文化网络的生命力造成的结果。

爵士乐最早是作为一种孤立的、下层阶级的、以网络为导向的文化世界出现的，这个文化世界中的音乐家组建乐团在夜总会和酒吧演奏。这些组织为音乐家提供了活动地点，但是，与布鲁斯音乐家不同，他们对取悦听众和赚钱不感兴趣。

或许由于即席创作在爵士乐上的重要性，爵士音乐家将自己看做艺术家而不是表演者，他们鄙视不会欣赏音乐的美学品质的受众。一位布鲁斯音乐家指出了这两种亚文化之间的区别："爵士音乐家实际上想为自己表演，而我想为人民表演。"（引自 Pleasants，1969，p. 178）

那种他们认为是自己的最佳作品的音乐，其相对缺乏普及性，往往增强了这些音乐家之间的社会联系（Stebbins，1972）。按照梅里亚姆和麦克（Merriam and Mack，1960）的看法，

> 爵士乐社群有别于其他一切职业群体的独特之处在于，这个团体不仅仅包括专业人士，还包括他们的公众……职业的专业人员和他们的公众一起形成了具有相同行为、联系非常密切的群体，这些共同的、与团体外的人对立的行为使这些人显得不同于其他人……一旦身处一个陌生的地点，爵士乐社群的成员总是能够找到和他具有同样行为以及普遍趣味、态度、信仰、快感和价值观的其他成员。（p. 211）

在表演之后举行的爵士乐即兴演奏（jam），是鼓励创新的一项重要因素，在此期间，音乐家们可以演奏他们喜爱的任何音

乐。即兴演出被爵士音乐家们称为“即兴创作”(Rockwell, 1983, p.166)。亨托夫(Hentoff,1972)说:“进行业余演出时,只有当惟一的听众是音乐家时,才能感受音乐制作的主要快感和挑战。”(p.101)

在有意生产那种赚钱音乐的爵士音乐家看来,爵士乐即兴演奏会是他们回归艺术源泉的契机。卡梅伦(Cameron,1954)指出:“在外人看来,爵士音乐家对赚钱的商业舞蹈音乐反感的程度超过了信仰。在非常现实的意义上,在他看来,这种即兴演奏会是一种净化仪式……是通过重新证实他本人的美学价值而进行的一种自我净化。”(p.178)甚至在一九八八年,报道引用一位正随着一支摇滚乐队巡回演出的爵士音乐家的话说,“爵士音乐家有本事演奏别人没法演奏的音乐。这场巡回演出结束后,我就回去演奏音乐,不是回去演奏销售的唱片上的音乐,而是去演奏没人想听的那种东西。我等不及了。”(Zwerwin,1988)

直到六十年代,爵士乐的社会中心还是黑人酒吧(Reed, 1979)。顾客是来听音乐而不是来跳舞的。音乐家的目的在于,在演出富有想像力的音乐的同时,尽可能地即兴演出。新来的人能够坐下来向音乐家们学习演奏。黑人酒吧是青年音乐家学习演奏和即兴演出的“学校”。青少年音乐家能够提高他们的技巧,扩大他们的演出曲目,和其他音乐家交朋友,建立一种音乐家的身份意识。从一九四三年到一九五五年,堪萨斯城、亚特兰大市和洛杉矶有许多黑人酒吧,它们按照演奏的音乐的难度来排名定级。一些酒吧只是供初学者演奏音乐;有一些供进行巡回演出的专业人员演奏音乐。由于摇滚乐在六十年代日渐走红，爵士音乐家们失去了进入工人阶级俱乐部和酒吧的机会。[6]有一些爵士音乐家在中产阶级酒吧和夜总会中找到一席之地；有一些则被音乐会代理机构预雇参加巡回演出。

在四十年代末期，纽约的一支年轻黑人音乐家乐队创造出一种新型爵士乐，博普爵士乐(bop)。博普爵士乐以崭新的节奏为特征，这种节奏“多样、复杂……充满了不熟悉的抑扬顿挫和无调的声音……以无规律间歇为特征的和谐”(Leonard，1962，p.140)。产生这种爵士乐的语境类似于美术的语境(Peterson，1972，pp.143—144)。与老一代爵士音乐家不同，这些音乐家属于中产阶级的、以网络为导向的文化世界，在这个文化世界中，相互交叉的网络使他们接触到其他领域，例如绘画和文学领域中的创作者。此外，与战前的爵士音乐家不同，他们都在音乐学院受过正规的音乐训练。这些音乐家强调掌握乐器的技巧和有自我意识地对音乐的传统手法进行实验。演出地点与古典音乐演出地点相同：面向中产阶级白人听众的音乐大厅和学院创作室。这些音乐家依靠大学、基金会和政府的资助，而不是依靠在酒吧和夜总会演奏为生。最后，职业批评家团体出现了。彼得森(Peterson，1972)说：“他们注重音乐才能的造诣、技巧创新以及重新塑造音乐的过去和阐释它的未来。”(p.146)这种爵士乐的受众比以前的爵士乐的受众要少。这些音乐家及其后继者成为一种黑人音乐精英，他们鄙视受众和商业行为，只关注他们的音乐的发展：探讨“背离流行歌曲传统手法的新的和声、旋律和节奏途径”(Pleasants，1969，p.145)。

---

⑥ 最近的一项研究发现，年轻的爵士音乐家很少拜师学艺(Berliner，1990)。相反，他们不厌其烦地听重要的爵士乐艺术家们的唱片。他们的目的是惟妙惟肖地模仿这些艺术家的风格，所以他们能够组建新的小型乐队。

到了七十年代，作品最不容易为受众接受的爵士音乐家“不管他们愿意与否，被迫充当‘艺术家’这种社会角色，最终，他们的处境与传统的先锋派同行的处境是一样的”（Rockwell，1983，p. 195）。黑人爵士乐演奏者形成了合作组织，他们共同参与管理和实际演出。在合作性组织内部，新的音乐团体形成了。这些音乐家在小剧院、艺术馆、教堂、学术机构和仓库与工厂的阁楼里演奏（Litweiler，1984）。

总而言之，每一种爵士乐文化世界都有自身形式的爵士乐，以迎合在年龄、种族和音乐风格方面零散化的市场的不同方面。结果，**爵士乐**这个术语越来越难以界定。罗克韦尔（Rockwell，1983）暗示说，目前，根据它的支持系统（演奏它的夜总会和音乐会联号剧场，它的唱片公司标志，以及它的学术和批评机构）界定比根据内容界定更准确。他说：“如果你想进一步确定它是什么，它就像薄雾一样消失。”（p. 164）

摇滚乐也是工人阶级以网络为核心的文化的产品，但是，它的出现要比爵士乐的出现晚得多。它体现了两种工人阶级音乐传统的融合，一种音乐传统与白人工人阶级联系在一起（乡村音乐），一种与黑人工人阶级联系在一起（节奏布鲁斯）。按照利普希茨（Lipsitz，1984）的看法，这两种音乐传统各有其受众、唱片公司和演出地点，由于第二次世界大战将白人和黑人工人阶级汇集在生产军火的北方城市里，这两种传统汇集在一起。在拥挤的战时生活环境下，各个群体的成员都受到其他群体的音乐的影响。利普希茨（Lipsitz，1984）认为，“北方城市成为一种新音乐的中心，黑人和白人工人成为这种音乐的主要演奏者……后来成为著名摇滚乐的演奏者的那些人一开始都洗盘子、在工厂工作、开卡车”（p. 273）。

这种音乐在五十年代流行起来，吸引了中产阶级和工人阶级青少年;它体现了工人阶级街头文化的价值观:“毒品,憎恶工作、纪律和遵从,以及狂放不羁的情感表达和纵欲”(Lipsitz,1984)。正如弗里思(Frith,1981)所指出的那样,摇滚乐吸引了中产阶级青少年,这是因为,它为他们提供了反抗他们即将进入的中产阶级世界的一种手段,反抗他们即将进入的中产阶级世界。早期摇滚乐的中心思想是享乐主义——赞美快感、性欲和游戏——但是它对日常生活的描述间接地提供了有关贫困的后果和少数民族没有权力的说明。

然而,与爵士乐不同,由于音乐家、制作者和音响师相互合作,摇滚乐结果成为在唱片录音室中创作出来的一种音乐形式(Durant,1984)。到了六十年代,音乐改编从配器法向使用音响合成器和录音磁带效果转变。按照杜兰(Durant,1984,p. 217)的看法,新的录音技术使摇滚乐创作的协作性质和摇滚乐作曲的性质产生革命性变化:

> 由于具有多磁道录音设备,在原带配音、编辑和混录过程中具备辨别、包含和删除的能力,这就使得策划和混录,以及围绕它们进行的各种协作讨论和反思成为音乐作曲不可缺少的组成部分。

摇滚乐的受众对摇滚乐感兴趣,将它当做一种情感体验和社会体验,而不是即兴演奏表演。当表演者巡回演出时,一支摇滚乐在接连两个晚上听起来是相同的。贝尔兹(Belz,1973)陈述说,摇滚乐“大致包含了原初的作品唱片以及……随后进行的现场表演实际上是复制”(p. 48)。

除了扶植生产者和消费者的非正式文化网络的夜总会之外,当地的小广播电台,即通常被称做另类电台(alternative stations),对于以音乐偏好为基础的亚文化的形成发挥了重要作用。这些电台的影响与主流电台的影响大不相同,它们根据受众的人口统计特点界定,它们的受众,一般以都市社群中较年轻和较富裕的阶层为对象。

另类广播电台为听众构成了一个“电子音乐社群”,这个“电子音乐社群”有助于培养被主要唱片公司拒绝的音乐。例如,六十年代,美国黑人爵士灵歌(soul)被消除种族隔阂的广播电台的一个电子音乐社群消费,得到一家黑人出版社的支持,正如贝尔兹(Belz,1973)指出的那样,“在六十年代中期,爵士灵歌成为黑人文化景观的一种重要表现……广播电台宣扬‘灵魂的声音’(Soul sound),粘贴在汽车保险杠上的小标语标明‘灵魂社群’(Soul community)的成员,在许多方面与《垮掉派》相似的一家《灵歌》(*Soul*)报纸,每周都报道黑人音乐世界的情况”(p. 183)。在五十年代和六十年代,乡村音乐也是一个相对自足的电子音乐社群(Belz,1973, p. 24)。

年轻的摇滚乐音乐家们偶尔会摈弃音乐中商业性较强的内容,他们利用夜总会的舞台形成一种“抵制的亚文化”(Clarke et al., 1976)。创造了朋克风格的英国青少年工人阶级亚文化成员,因摇滚乐盲目自满和未能对当前事件和受众的需要做出反应而拒绝接受摇滚乐的既定地位。朋克音乐,还有独特服装、语言和社交仪式,表现了对这个群体成员的社会身份的一种新阐释。他们通过自己的音乐和生活方式,得以反思和评论某些当代问题,例如失业和英国在西方世界中的地位的下降,这些问题相应地使他们能够吸引更广泛的公众。

在向大众受众传送过程中,朋克风格中许多无政府主义的(anarchic)内容被大唱片公司广泛传播的朋克音乐唱片大大冲淡。生活方式因素被吸收到青少年的服饰风格中。工人阶级造反成为中产阶级的异化。按照希巴德和克莱阿罗哈(Hibbard

& Kaleialoha,1983)的看法,朋克最终“体现了听众能够采用、试图对付主流的一种比较标准化的音乐姿态”(p. 128)。

然而,尽管新闻舆论和中产阶级社会对这种音乐风格的反应是矛盾的,朋克亚文化仍然保留在一些城市中。勒尔(Lull,1987)曾经记实性地描述了旧金山的朋克亚文化。这个社群吸引了把自己看成是边缘的和游离于美国社会之外的那些人。这个亚文化中的成员大多数失业或从事零散的、低工资工作,可从许多方面辨认出这些人,他们穿着古怪,居无定所,经常住在废弃的建筑物中,他们厌恶中产阶级的消费模式,沉溺于毒品之中。朋克音乐是这种亚文化的一个非常重要的内容;它表现了这种亚文化的核心思想和价值观念,促进了成员之间的社会交往。它提供了一种意识形态导向,因为朋克歌曲的主题往往是社会和政治问题,而不是个人关心的事情(Lull,1987,p. 237)。演出是由常常躲避商业成功的当地乐队举办的,演出在街头、废弃的仓库和夜总会中举行。表演者与台上和台下的受众混在一起,遵守表演者和公众之间应该保持最短距离的群体规范,目的在于创造每一个人都参与和受益的一种共同体验。勒尔(Lull,1987)宣称,尽管亚文化“只存在于主流意识的缝隙中,(它)几乎对城市里的每一个人都产生某种影响”(p. 252)。

爵士乐在四十年代末所经历的转变,在七十年代发生在摇滚乐上,此时下层阶级摇滚乐队开始在纽约市中心的中产阶级夜总会演奏。这些夜总会经常得到几个相互交叉的文化网络成员的光顾。结果,这些音乐家开始接触实验音乐的创造者、画家以及其他各种革新者,将自身重新界定为先锋派成员。

结果,在七十年代末,晦涩难懂的实验音乐与摇滚乐混在一起，产生了一种纽约式的艺术摇滚乐（例如 The Talking Heads①）。爵士音乐家们正在创作电子音乐，他们称自己的作品为交响乐。他们的音乐偶尔由交响乐队演奏（Martin，1981，pp. 162—163）。画家开始谱写摇滚乐，创办自己的乐队。按照菲利普·格拉斯（Philip Grass），一位经常与摇滚音乐家合作的实验作曲家的看法，纽约摇滚乐夜总会构成了“当今最重要和最新的音乐舞台”（Rockwell，1983，p. 118）。

与此同时，新的摇滚乐团仍然从都市亚文化中诞生，他们开始在工人阶级小夜总会中演奏，或者由地方小广播电台播放他们演奏的音乐。在这类环境中，他们与受众密切接触。甚至极少数在全国市场走红的人，也发现有必要时常在全国举行巡回演出，以便直接接触受众。结果，在不同的时期，正如在八十年代末，流行音乐反映了城市内部所体验的紧张状况。新闻记者S. 霍尔登（Holden，1989，section 2，p. 1）在描述流行音乐时，说它“听起来像警报”：

> 腐败、贫困、刺激、种族关系紧张、艾滋病和令人厌恶的环境：八十年代末的烦恼和这些烦恼激发的噩梦般的焦虑使流行音乐变得晦暗。尽管严阵以待的不满情绪并不是占主导地位的主题，它还是触及到每一种音乐体裁，从流行音乐到硬性摇滚乐到重金属音乐到说唱乐（rap）……今天的歌曲作家往往是激昂的预言家，他们只能怒叱看似无法解救的状况。

说唱乐使用传统的黑人街头文化语言，尤其表现了年轻黑人的愤怒和激昂。因此，音乐和歌词一般都被白人误解，被认为

---

① 美国新浪潮音乐中最具有创始意义和创新精神，并且也是最有影响力的乐队之一（据北京泛音网络技术网站介绍）。——编注

十分唐突，以至于最近一个乐队因被指控淫秽而受审（Morgado，1990），但后来被无罪释放。同时，这种音乐提供了“一个面向都市文化的窗口”（Morgado，1990，section IV，p.18），除此之外，它几乎得不到媒体的注意。

以赢利为目的的文化世界

都市文化中最大的，即便不是最引人注目的那部分，是由以赢利为目的的小组织组成的。这些组织缺乏非赢利性文化组织具有的媒体注目性，缺乏与以网络为导向的创作者相关联的组织的声誉。然而，它们吸引了更多的主顾，商业收入更加稳定。

这些文化世界中的创作者使用工艺技巧来生产装饰或娱乐作品，迎合可预测的市场需求。麦考尔（McCall，1977）将其中一些创作者描述为能够迅速和有效生产出作品的“图像画家”（picture painters）。[7]原创性不是他们追求的目标；这类作品即使不同于一位画家以前的作品和其他画家的作品，常常也是相似的。

正如麦考尔（McCall，1977）所指出的那样，这些创作者类似于艺匠（Becker，1982）。贝克尔将手艺界定为能够用于生产有用物品，例如陶瓷、被子或家具的一整套知识或一种技艺。为了生产出质地优良的物品，大多数手艺需要训练和实践。工匠生产顾客（或雇主）订购的物品；一般来说，他们创作的作品彼此相

---

⑦ 麦考尔引用了一位画家的话说：“我每周工作十二小时。在此期间，我能画五幅画。首先，我将涂料泼到所有的画布上。然后我画出全部背景。之后我在每幅画上花两个小时，描绘局部和前景。”（p.38）

似，只是相对略有变化。艺匠不同于工匠之处在于，他们强调的是作品的美和审美特性，而不是作品的实用性。鉴于此，他们的作品容易被手工艺品收藏家和收藏装饰艺术品的博物馆所收藏。贝克尔指出，相应地，艺匠不同于先锋派艺术家之处在于，后者注重制作既不美观也不实用却独特的物品。当先锋派艺术家使用工匠的材料，例如陶瓷器或陶器时，他们故意制作与手工艺品相似但却不能使用的物品，因为花瓶的瓶颈弯曲的角度奇特，或者盘子的中心放了一块砖头。在先锋派艺术家看来，最重要的是为每一件作品创立自己的标准，而不是生产一系列相似物品来迎合熟悉的主顾的规格。出于先锋目的而使用工艺材料的创作者越来越多。

工艺品产生于工人阶级的文化世界中，而艺匠的作品产生于中产阶级的文化世界之中。他们经常以不同的方式使用同样的材料，例如，传统的门诺派中严紧派妇女使用传统图案制作实用的被子，与之相比，艺匠们制作的被子是为了吸引人而不是为了使用，并且可能更有价值。尼玻利坦（Neapolitan，1986）发现，艺匠受的教育比工匠的多，这影响到他们的创作志向。

画家和艺匠都属于为之提供接触主顾或场所机会的协会成员，例如，协会提供了吸引消费者的艺术市场和手工艺品市场。这些协会的活动不同于以网络为导向的创作者的活动。麦考尔（McCall，1977，p. 39）曾描绘了一个这类组织就一个特定主题，例如雪景或春花，举行绘画竞赛。这类组织的存在主要是为了更多地接触顾客，而不是为了支持对一种审美立场的共同定义。

销售装饰艺术的文化世界经常依靠先锋派文化世界的因素，例如艺术期刊、艺术出版社和艺术博物馆，赋予这些作为有价值物品的作品以可信性。被用于制作颂扬美国西部的艺术品的牛仔艺术，在为这种绘画设立标准和有助于这种艺术促销的期刊、博物馆和协会中得到再现。另外一种手法是将名人的名字,例如影视明星的名字,与这类产品联系起来(FitzGibbon,1987)。艺术家也会被当做明星(他也有狂热爱好者俱乐部),他被当做一个人而不是创作者来崇拜。销售这类艺术品的一些美术馆获利如此可观,以至于他们在市中心和郊区商业区设立连锁店。购买者当中有为公司、旅馆和私人家庭采购艺术品的装饰者。对于牛仔艺术品的需求非常大,它的销售量与先锋派艺术世界主要明星的作品的销售量同样大。

文化世界与非赢利性组织

非赢利性组织提供了适当的环境便于作品以众人所能接受的风格演出,但是,它们不可能提供促使新的艺术风格产生的相互得益的交流,因为,它们往往奖励保留一种特殊的艺术属性和与这种艺术属性相关联的专门知识。

非赢利性组织,无论是歌剧公司、交响乐队、剧院还是博物馆,都受到日益增长的规模和预算限制的影响。首先是吸引受众问题。甚至在艺术补贴充足的大城市里,表演艺术,例如歌剧和交响乐,经常固定演出标准曲目,因为高成本和有可能疏远参加音乐会的公众使艺术创新的风险太大。由于预算增加,这些组织的管理往往更关心吸引和满足受众而不是提供创新产品(例见 DiMaggio & Stenberg,1985)。它们可能脱离创造性过程,很少与潜在的受众进行有意义的接触。

其次,随着这些组织变得比较陈旧、地位更加确立和庞大,它们往往变得更加官僚化。相应地,这影响到它们的节目的性质。这些组织的管理从主办经理人向艺术管理人手中转移,艺术管理人为了增加这些组织的效率，依靠正式会计制度和标准化程序（DiMaggio，1987；Peterson，1986）。就强调规则、等级制权威结构、专门知识、职业训练和效率等方面而言，它们可能类似于韦伯式的科层制观念。

这些变化反映了从精英资助到政府部门和公司赞助的转变，后者对这些组织的责任提出了更高的标准，同时也敦促它们吸引更多的受众。这已经对这些文化组织生产和展示的文化产品产生了某种影响，表现在，它们可能偏爱“比较容易理解的”、不那么晦涩的作品，对于受众，这类作品具有全国性文化工业广泛传播的文化内容的内涵。

对歌剧院和交响乐队的研究表明，这两种组织在战后时期以音乐选择保守著称。马特雷拉（Martorella，1977，1982）的研究显示，如同在戏剧中一样，制度化偏爱保守主义。依靠赞助的歌剧公司没有足够的财力冒险生产受众不喜欢的作品。有权势的董事会成员通常是重要的私人捐赠者，他们也可能抵制引入不熟悉的作品。最重要的歌剧院演出的当代作品的比例从差不多是零（少于百分之十）到少于百分之二十五。[⑧] 马特雷拉发现，预算较少、有国家或政府补贴的小公司更有可能生产当代作品。最有可能演出当代歌剧的，是大学的创作室和有基金会或政府补贴的小型实验剧院。这些歌剧演出的次数不多。几乎没有一部继续存在下来成为歌剧院曲目中的保留节目。

若干研究指出了美国交响乐团曲目的标准化（Arian，1971；Couch，1983；Mueller，1973）。最常演奏的作品是六位十八世纪和十九世纪欧洲作曲家的作品，而整个二十世纪的作曲家，特别

---

⑧ 在最重要的歌剧院看来，创新意味着利用灯光和舞台技术的新进展，重新上演和重新设计十九世纪的作品。

是美国作曲家在很大程度上遭到忽视(Walsh,1988)。愿意创新的交响乐团指挥行动非常谨慎(Kimmelman,1988)。控制了董事会、趣味保守的富有赞助人和同样保守的支持受众,与维持这些组织的高成本结合起来,使节目的选择余地与数量客观的歌剧和戏剧的组织相比,狭隘得多。

吉尔摩(Gilmore,1987)认为,表演和排练的高成本,以及纽约市中心音乐会世界的为数众多的表演者和音乐会(交响乐队是这个世界的一部分),需要活动高度标准化,这与创新是对立的。表演者没有足够的时间学习创新的音乐所需要的新的音乐技巧和音乐符号。此外,表演者和创作者几乎没有个人接触。[9]

戏剧与文化世界

二十世纪美国戏剧史表明,每一个新的剧作家和导演群体在事业的开端都试图创新,但最终都落入商业行为的窠臼。正如利维(Levy,1980)所指出的那样,美国戏剧上的新运动一开始的特点都是鄙视商业成功,不注重吸引规模可观的公众,乐于为戏剧生产设立新标准。除了外外百老汇戏剧之外,表演艺术的迫切要求使每一场运动都放弃了它的目标。它们越来越关注票房收入,随之而来的是改变它们的艺术生产标准。这些组织的经历似乎是这样的,它们通常是在以网络为导向的语境中开始的,但在大多数情况下,吸引固定受众的问题必然使它们成为非赢利性的或赢利性的组织。后者的缩影就是百老汇戏剧。

迪玛吉奥和斯坦伯格(DiMaggio & Stenberg,1985)对非赢

⑨ 有某种迹象表明,当代实验音乐开始影响大量影片。

利性的地方戏剧的研究,有助于阐明这种情况对戏剧生产的某些影响。[10] 与小剧院相比,较大的剧院生产新戏剧的可能性小得多,它们更有可能生产在其他地方剧院或在纽约已经获得成功的戏剧。规模是一个主要因素,因为它与年代(较古老的剧院往往比较保守)、日益增加的预算和必要的详尽财务计划,以及社区内的制度化相关连。制度化需要向作为剧院永久场所的房地产投资,需要社区领导者参与董事会,需要试图通过捐赠扩大和稳定受众。所有这些可变因素导致戏剧演出曲目保守,因为失败所需付出的代价增加了。另一方面,抵制促使组织发展和扩大的这些压力的小剧院更有可能关门停业。

然而,少数小剧院在最能接受新戏剧者之列。因为这些剧院中有许多位于外外百老汇(Off-Off Broadway),这表明,剧院所处的都市环境性质是一个重要因素。尤其需要指出的是,这些剧院处于舞蹈家、画家、音乐家和其他创作者组成的交叉网络的中间位置。

外外百老汇剧院始于格林尼治村的咖啡馆。与其他环境中种类相似的许多剧院不同,这些剧院尽力保持小规模和不以赢利为目的。部分原因在于它们能够得益于各级政府机构和基金会的资助,这种资助相对保持稳定大约二十年之久。因此,它们不需要将受众扩大到周围志同道合的反文化热心者组成的社群之外。创作者、表演者和受众有着相同的价值观念和社会事业(越南战争、支持民权和女权主义)。受众来到这里并不是为了娱乐,而是为了寻求兴奋和刺激。这些群体故意试图震撼它们的受众,表现与美国中产阶级生活不相协调和对它进行尖锐批

---

[10] 在一九七九年,大约有二百个非赢利性地方剧院,其中大多数得到基金会、州和地方政府以及公司的资助(DiMaggio and Stenberg,1985)。

评的素材。其他群体发挥实验创作室的作用，主要生产使用非正统的导演和表演风格的新剧作家的作品。

通过加深从工人阶级、少数民族和种族群体中吸引来的受众对社会和经济问题的理解而试图将他们政治化的激进剧院，与孤立的以网络为核心的文化世界相类似。这些剧院往往保持最低的组织程度，它们建立在共识而不是等级制基础上。这些组织常常是集体性组织，成员平均分配钱财和工作。它们强调的是合作而不是个人表现。诸如剧作家、演员和导演这些角色划分得并不很清楚；所有成员都参与写作和上演一出戏。这些戏剧团体并不追求商业利润；它们以最低的花销和最简单的设备维持运转。它们经常在监狱、社区中心、工会集会、哨所、劳动营和公园里演出。这些团体喜欢在演员和观众能够混在一起的环境下演出，而不使用将受众和演员分隔开的传统戏剧空间。

尽管商业性和非赢利性剧院以非个人的、超然的态度对待受众，然而激进派戏剧却将受众看做同事，鼓励他们在表演过程中积极创造意义。受众应当做出理智反应，而不是以看戏自娱。这类戏剧团体的目的是，使受众的注意力集中在戏剧中的事件和现实世界的状况之间的联系上。演出结束后，这类团体经常与受众进行讨论，帮助受众将舞台上的事件与舞台下的事件联系起来。

这些团体并没有试图创造一种现实主义幻象，它们使用了各种各样的戏剧技巧，包括一些有着悠久历史的戏剧技巧，例如丑角、面具、木偶、杂耍和传奇剧。例如，El Teatro Campesino（The Farmworker's Theater，农场工人剧院）利用双语滑稽短剧，或 acto，以喜剧的方式表现奇卡诺（Chicano）[11]工人的生活状

---

[11] 指墨西哥裔美国人或美国的讲西班牙语的拉美人后裔。——译注

况。滑稽剧使用丑角和面具，一个演员单独表演，或多个演员共同进行长时间表演。戴着猪头面具的演员扮演“老板”。交换面具表示交换角色。演员们试图“演示”(demonstrate)人物，而不是“饰演”(impersonate)他们(Carrillo，1980；Kanellos，1980)。

表 6.2 商业戏剧与激进戏剧之间的差异

生产特点	商业戏剧	激进戏剧
作者	个体创作	集体创作
演出	重视言辞	重视视觉效果
对受众的态度	将受众当做观众	将受众当做参与者
演出目的	虚构的景象	理解政治与社会问题
受众的目的	娱乐	参与

表 6.2 总结了激进戏剧和商业戏剧之间的差异。

为什么戏剧是美国少数民族的一种重要的政治表现形式呢？出人意料的是，比较一下集权主义国家，就会发现答案，集权主义国家没有可供利用的其他政治表现来源，戏剧成为一种重要的政治工具(Goldfarb，1976)。社会越是具有集权主义性质，越是等级森严，从弱势群体向强势群体传播信息就越有限。在美国，族群和少数民族同其他社会成员以及彼此之间交流他们面临的问题也存在着困难。部分原因在于，他们没有得到大众媒体和全国性流行文化工业的周到服务。大众媒体没有充分地表现他们的问题(Winick，1979)。结果，这些群体转向了戏剧，将它当成发表政治主张、彼此之间以及与其他社会群体进行交流的一种手段。

都市文化与都市规划

城市之间在不同都市文化组织形式的数量上存在差异。纽约的都市文化组织形式最为全面;在其他城市,甚至那些非常大的城市,都市文化非常少见。在纽约之外,不大可能出现以网络为核心的文化世界。现存的以网络为导向的文化世界很可能是由学术机构周围的孤立网络构成的(McCall,1977)。例如,按照麦考尔(McCall,1977)的看法,在圣路易斯,"艺术学校及其全体教员在当地的艺术生产、创造艺术价值和决定艺术成功等方面,取代了商人、收藏家、博物馆和批评家的位置"(p.33)。

在过去的三十年里,由于博物馆、交响乐队和非赢利性剧院的数量大幅度增长,非赢利性组织也大大增多(Crane,1987;DiMaggio & Stenberg,1985)。然而,除了纽约,这些非赢利性组织更注重那些不是当地的创作者和表演者(McCall,1977)。数量最多和存在最普遍的是以赢利为目的小组织,在过去的几十年里,它们的数量也大大增多。这些组织较有可能表演当地的或区域的创作者的作品,而不表演非当地创作者的作品,因为,与全国闻名的创作者和表演者的作品相比,这些文化作品比较廉价,因而销路比较好。

中产阶级都市文化在都市阶级中发挥即使多少有些争议也是越来越重要的作用。据信,它们通过吸引旅游者和公司投资刺激了商业的发展。人们也认为它们刺激了中产阶级迁往市中心的过程。结果,商业鼓励和支持艺术从市中心不动产价值的日益增长中获益(Whitt & Share,1988)。

楚金(Zukin,1982)认为,这些变化似乎是市场力量作用的结果，借助于市场力量，艺术家对阁楼空间的使用改变了市中心居住区，例如市中心曼哈顿的索霍的性质，使它们对非艺术家居住者更有吸引力，使小商业更有利可图。相应地这就增加了这一地区楼盘的价值，迫使不太成功的艺术家迁走。按照楚金的看法，这些变化实际上是一种长期战略的一部分，根据这种战略，商家为艺术家和艺术组织拨款支持艺术，鼓励当地政府官员在市中心建立博物馆，阻止他们扶植同一地区的轻工业。这些手段最终影响了在这个城市某些地区生活和工作的人们的特点，年轻的、富有的居民取代了旧有的工人阶级居民。[12]

在某种意义上，城市已经同制定经济发展和扩张的政策和战略的州和国家相似。惠特和沙尔（Whitt & Share，1988）认为，为了吸引公司投资和旅游者以及郊区居民以便发展经济，许多美国城市正试图在市中心居住区使用以艺术为基础的发展战略。开发商许诺各种艺术设施来缓和对都市发展规划的潜在反对。

针对这些规划进行的分析显示出，这些规划主要想创建为中产阶级旅游者和来访者提供方便的非赢利性和赢利性组织。几乎没有迹象表明，这些规划将刺激以网络为导向的都市文化的发展，而以网络为导向的都市文化提供的艺术创新最多。事实上，这些再发展规划所预期的后果，房地产价值的增长，将会产生相反的效果，以网络为导向的创作者和消费者被替代，取代他们的是以赢利为目的的组织及其消费者。

大多数以艺术为导向的都市发展规划也忽视了工人阶级的都市文化。巴尔的摩是个例外，这座城市举办“一些族群的节

---

⑫ 楚金（Zukin，1982）断言，房屋租赁从这些变化中受益，但是市政府和居民则不然，因为城市失去了这些交易中的收入，以后也不会失而复得。

日、街头‘机遇剧’(happening)和演出其他的‘动画片’节目”(Whitt,1987,p.27),尽管参与这些活动的三分之二的公众不是本城居民。惠特(1987)认为,过多强调吸引与付给工人低工资的服务经济结合在一起的中产阶级公众的都市文化,可能加剧城市中的社会和经济不平等,甚至成为“这种不平等的一个外显符号”(p.31)。

区域性亚文化

都市亚文化变化很大并且高度零散化,它们是由具有专门兴趣的少数受众组成的。总体上,他们占有相当大的人口比例,但是每一阶层都单独面对市场,极少能得到其他阶层的支持。这些受众无疑消费全国性流行文化工业提供的产品,但是,除此之外,他们所具有的比较独特和专门的兴趣,这些可替代的亚文化能够予以满足。

与此同时,这些地方文化为全国性流行文化的新生提供了潜在的源泉。这些都市亚文化与全国性流行文化之间的关系提供了一种能够检测法因和克兰曼(Fine & Kleinman,1979)提出的模型的手段,根据这种模型,亚文化的内容通过联系,例如小群体之间共同的成员来传播。按照法因和克兰曼(Fine & Kleinman,1979)的看法,

> 文化信息和行为选择是通过这些传播联系渠道来散播的,结果,在它们所传送的社会网络内产生一套共同的话语体系。这个社会网络充当亚文化的所指物。然而,通过网络内部的小群体之间的商讨,文化的内容会被界定和转变(pp.8—9)。

都市亚文化创造的文化产品当中有多少会传播到其他城市或成为一种区域性亚文化的组成部分？其他城市之间联系的性质因表演艺术的种类不同而有所变化。正如我们所见到的那样，为中产阶级受众生产文化的表演艺术组织主要使用全套固定曲目，对那种特殊文化形式感兴趣的人们非常熟悉构成这些曲目中作品。当这些组织演出新作品的时候，这类作品不大可能在其他城市上演(DiMaggio & Stenberg，1985)。因为创新是在口头上加以强调，已经演出过的，因而并不是"全新的"作品，是不能采用的。

就剧院而言，当其他城市的剧院上演原产于别处的一出新戏的时候，散播就发生了。如果这个戏到百老汇上演，它就非常有可能在其他区域性的剧院上演。因此，在一个极为引人注目的环境下演出一部作品能够促进这部作品的销售。在七十年代末，百老汇约有百分之十五到百分之十八的戏剧最初是在区域性剧院演出的。

然而，尽管在三十年中，非赢利性组织在总体上生产了为数众多的新戏剧，可是，这些作品中只有极少数在首次上演它们的剧院之外得到上演(DiMaggio & Stenberg，1985)。在非赢利性剧院上演作品次数最多的二十位剧作家中，只有百分之二十一是当代美国作家。这些剧作家创作的大部分剧本从来没有出版，因此，这些剧本存活的时间极为短暂。

大唱片公司根本不理睬爵士乐和实验音乐，但是小唱片公司有助于将爵士乐和实验音乐广泛传播到它们的都市原产地之外。小唱片公司的消费者一般说来达到六千到七千人，其中绝大多数居住在小唱片公司所在的城市里或周边地区。这些消费者队伍的壮大受到全国发行系统的相对不畅的限制，全国发行系统被用于发行大宗唱片，而不是用于发行适合少数人口味唱片(Gray,1988)。这些小公司的业主致力于生产特殊类型的音乐，而不是从中牟利。他们在确保它传播，从而确保它获得艺术成功方面发挥了重要作用(Gray,1988)。

最后，少数亚文化是区域性的，甚或是全国性的。“快意死者”(The Grateful Dead)乐团已经巡回演出了二十多年，吸引了许多热心受众，他们几乎膜拜式地与这个乐团认同，彼此之间也相互认同。随着时间的流逝，这些亚文化的魅力不但没有减少，反而增加了。

乡村音乐被描述为一种特殊的区域性的亚文化，它与一种特殊的地理和社会体验，即南部和中西部农村生活的那种特殊体验息息相关(Jensen,1988)。最近，在将这种风格的音乐销售给全国受众的过程中，这种音乐已经不再与这个群体及其体验密切相关，失去了它的本真的、质朴的性质。与此同时，在纳什维尔，它开始与占主导地位的城市文化认同，这里录制的大部分乡村音乐是为了广泛传播给全国受众的。

都市亚文化正在被大型购物中心周围的郊区文化取代或置换，在这种情况下，它们对区域性和全国性文化的潜在影响正在消散。在完全商业化的大型购物中心环境下，吸引一小部分人口的替代性文化没有生存余地。

结　论

对都市文化的这种述评揭示了社会各阶级的成员所消费的一系列范围广泛的趣味和艺术价值。在美国，界定文化资本的方式很多。根据那些将文化看做权力源泉和地位标志的人的观点，都市文化往往被看做中产阶级和上层阶级的特权。因为中产阶级都市文化比下层阶级文化更引人注目，数量更多，并从政府机构和公司那里得到更多的赞助，所以，存在一种忽视以下事实的倾向，即中下层阶级和工人阶级有着自己的都市文化形式，这些都市文化形式巩固他们的地位和身份，即通常作为一个特殊族群和少数民族群体成员的地位和身份。都市文化为不同社会阶层发挥类似的功能。

尤其当媒体娱乐传播到大量的异质性受众那里的时候，它的作用就在于表现为数众多的人们所共有的价值、态度和体验。全国性文化工业生产强调相似性的文化。相比之下，都市文化的作用就是表现社会阶级之间、社会阶级内部、不同的地位群体之间以及种族身份之间的差异。

都市文化的三个组织领域(见表6.1)各自有其不同的主要目的，这些目的是：创造独树一帜的文化、销售文化和保存文化。与其说更多的资源被用于创造独树一帜的文化，不如说被用于销售和保存文化。不幸的是，创造独树一帜文化的环境存在的时间极短，很容易被破坏。然而，新的思想、意象和声音最有可能从这个领域发散到区域性和全国性的文化中。这种情况最频繁地通过复制发生在其他都市环境中，偶然发生在各种媒体娱乐形式中。

第七章　媒体文化、都市艺术文化和政府政策

与某些其他工业化国家不同，美国对艺术有着明确的联邦政策，但对媒体文化则没有明确的联邦政策。为艺术和人文学科拨款的政府机构的存在，使得这个领域的联邦政策极为引人注目，因而也很有争议。就政府在艺术上的花销进行的争论揭示出美国社会对艺术持有强烈的矛盾心态。

这种矛盾心态有好几个根源。部分源于美国社会强调个体主义：艺术家同从事其他职业的人一样，应当依靠自己的本事获得成功。另外一种因素是，很难说明艺术的社会功用：美国人是非常讲求实用的。第三，保守派反对艺术品直白地提及性以及其他生理功能。先锋派企图刺激公众，向他们做出有关人类行为的臆断提出挑战，当性事被先锋派用于这个目的时，这种企图就成为争论的焦点。最后，关于艺术特性的构成，没有也不可能有被普遍接受的定义，因为艺术是一项持续发展和不断变化的事业，这一事实使这些争论变得更加激烈。自由主义者认为，无论艺术家想界定成什么，艺术就是艺术本身；类似班菲尔德(Banfield，1984)那样的保守主义者答复说，如果无法就艺术品的评价标准取得一致意见，这些作品本身就不值得政府赞助。

相比之下，与媒体组织有关的联邦政策并没有被公众看做媒体文化的一种政策形式，在新闻界中既没有被探讨也没有引起争论，而媒体组织对公众能够利用的那种文化精神食粮产生

了重要影响。在本章中,我将根据它们对不同文化形式的有效性产生的影响来比较和对比这两个领域中的政府政策。此外,我还将探讨其他国家是如何解决这些问题的。

艺术赞助种类

有四个最重要的系统赞助艺术:(1)恩主制(patronage),(2)艺术市场,(3)某些组织,以及(4)政府部门(见表7.1)。尽管恩主制在前几个世纪中是最盛行的艺术赞助形式,然而在最近几十年中,政府赞助变得越来越重要。在本章中,我将主要讨论后两种赞助方式。

每一种资助系统都使创作者具有不同程度的自由和限制、不同的受众观念和不同的艺术社会意义观念。恩主制暗示艺术家与恩主(patron)之间存在一种个人关系。艺术家得到的自主程度取决于恩主的个性和生活方式。当艺术家的自主程度很低,艺术品就会变成对恩主的趣味和社会地位的反映。恩主通常是上层阶级。当艺术家的自主程度很高,艺术品相对来说不受这种关系存在的影响。当这类关系的存在时间很短暂,所涉及的仅仅是委托问题,这种情况就最有可能发生。长期的关系很可能使艺术家的自主性降低。

在艺术市场上,创作者和公众之间的关系一般是非个人的。艺术家与商人相互作用,但艺术家常常并不认识购买自己作品的人。随着艺术市场的规模扩大,艺术品变得更加有利可图,艺术品就成为商品。它们的经济价值超过审美和符号价值。艺术家的目标是获取商业成功,而不是解决审美问题或创造文化符号。与后一种目标相反,艺术家很可能反复使用已经为公众所

表 7.1 艺术赞助的方式

赞助类型	受众性质	艺术家自由的决定因素	艺术品的意义
恩主制	上层阶级	恩主的性格	恩主趣味的反映
艺术市场	中产阶级	市场的规模和可变性	商品
组织	官僚	组织制定的规范	公共关系
政府机构	官僚和公众	政府制定的规范	政治工具

熟知的媒体文化中的母题(Crane,1987)。

组织赞助是恩主制的一种替代形式,但是,与传统的恩主制相比,它一般对艺术家的自主性更有威胁。为了获得和保持这种赞助形式,艺术家必须尊奉常常是极为繁缛的标准。艺术品可能被用于体现组织的目标。它往往成为公共关系的一种工具,或一种间接的广告活动。

最后,政府赞助也要求艺术家尊奉政府制定的规范和程序。如果艺术家实际上在作品生产期间受到政府雇用,这件作品就会成为一种政治工具。为了尽可能获得这种赞助,即使没有被政府雇用的艺术家也会在某些方面改变他们的作品,以提高获得这种资助的可能性。

在美国,政府赞助艺术是一个相对新鲜的现象。除了三十年代大萧条期间很短的一段时间外,在六十年代以前,联邦没有为艺术提供赞助。在六十年代中期,两个政府机构为此目的而产生:国家艺术捐助会和国家人文科学捐助会。政府在艺术上的花销从一九六六年的一百八十万美元增长到一九八八年的一点五五亿美元(Goody,1984;The World Almanac and Book of Facts,1991,p.376)。

然而,尽管政府在艺术上的花销稳步上升,这种现象依然很有争议。当里根政府在一九八一年上任的时候,试图削减国家艺术捐助会和国家人文科学捐助会的预算的百分之五十(Himmelstein & Zald,1984)。一九九〇年,国家艺术捐助会的地位和预算成为自由主义者和保守派激烈争论和斗争的焦点,后者试图完全取消这个机构。

马尔卡希(Mulcahy,1982)提出五种观点支持政府赞助艺术:

1. 经济观点。没有公共赞助艺术机构无法生存。
2. 社会观点。公共赞助扩大了艺术品和艺术活动的受众。
3. 教育观点。对艺术的公共赞助应当包括增强受众艺术鉴赏力的教育措施。
4. 道德观点。艺术应当得到公共赞助,因为它们体现和证实了我们的文化遗产和价值。
5. 政治观点。分配公共赞助应当鼓励多元主义而不是鼓励赞美国家的官方文化。

像班菲尔德(Banfield,1984)这样的保守派认为,这些功能当中没有一项是联邦政府应当进行的活动。在班菲尔德看来,政府并不负责为人民提供审美需要。相反,他宣称,由于特殊利益集团,例如主要城市中的文化工业和大学里的师生进行活动的缘故,艺术已经得到政府赞助。

反对政府为艺术花钱的另一种观点认为,艺术只会使人口中的一小部分人,即社会精英得益。艺术机构的全体成员和领导班子代表这个社会精英阶层的某些成员,实际上社会精英们为所有私人艺术恩主制负责。迪马吉奥和尤西姆(DiMaggio & Useem,1978a)认为,精英们从艺术拨款中获益过多,因为他们不仅利用艺术获得审美满足和乐趣，而且借此来维护他们在等级制结构中的地位。他们说："艺术活动为精英阶层提供了方便时机，重新确认了精英阶层共有的独特的高雅文化。精英家庭将'艺术欣赏'当做一种文化资本形式传给下一代，后来，在寻求专业人员职业和管理职业过程中，它又成为一份珍贵的资产。"(DiMaggio & Useem，1978a，p.357)

迪马吉奥和尤西姆宣称，社会精英与支持多元主义的、平民主义的艺术政策的人之间的冲突，源于他们对应当赞助哪些艺术类型有着截然对立的看法。精英们赞同为传统艺术机构拨款，重视高雅文化，排斥具有广泛流行魅力的流行文化和艺术，例如爵士乐和手艺。平民主义者赞同为吸引大量受众、内容广泛的艺术活动拨款，而无视其中一些活动将会超出高雅文化和流行文化之间的传统界限这一事实。在另一方面，马尔卡希(Mulcahy，1982)认为，近年来，社会精英控制的艺术机构在政策上不是排他性的。相反，他们试图扩大受众，将更多的社会阶级包括在内。

尤其值得注意的是，希梅尔斯坦和扎尔德(Himmelstein & Zald，1984)提出一种不同的观点，这种观点认为，艺术，还有社会科学，被保守派视为自由主义的和激进的社会变迁的源头。他们的观点是，保守派认为，艺术和社会科学没有处在急于维护自身社会特权的社会精英们的控制之下，而是受到极力争取社会变革的知识分子的控制。保守派将国家艺术捐助会的活动看做是在资助左派运动和敌对文化。

这些争议提出两个问题：(1)艺术机构赞助什么样的文化作品？(2)各种艺术活动的公众的性质是什么？

精英主义相对于多元主义：公共基金与公众

国家艺术捐助会(NEA)重视文化多元主义，尤其重视“包括尽可能多的文化和艺术形式，以及尽可能广泛的公共基金分配的一个广义的艺术定义”(Mulcahy，1985， p. 317)。将近四分之三的预算奖励给传统艺术形式和主要文化机构，其余预算大部分用于赞助被认为是不同于高雅文化的文化精神食粮，例如爵士乐和民间艺术以及用于影响文化“放逐者”(drop-outs)的扩大服务项目。据估计，政府的艺术开销之中大约只有三分之一拨给个体艺术家(Berman，1979)。因为国家艺术捐助会以鼓励常常得不到私人赞助的艺术形式为己任，向个体拨款有时是它们的计划中最有争议的部分。这一点可从最近国家艺术捐助会赞助罗伯特·梅普尔索普(Robert Mapplethorpe)和安德烈·塞拉诺(Andre Serrano)的作品展所引起一片哗然这件事看出来；支持者将他们的作品阐释为先锋派，诋毁者将他们的作品阐释为淫秽之作。

国家艺术捐助会的活动受到资助水准低的限制(少于美国国防部花费的军费，Mulcahy，1985)。各种来源的公共基金只占美国的艺术组织运行费用的百分之十五，国家艺术捐助会——将近占其总数的百分之五——单个来讲，是美国最大的艺术赞助来源(Glueck，1985)。因此，它的实际影响大于钱数所包含的影响；狡猾的政治领导和深谋远虑的政治策略扩大了它的影响范围。

州政府对艺术的赞助从一九六六年的二百七十万美元增加到一九八四年的一点二五亿美元(Goody，1984)。联邦政府鼓励建立州艺术委员会，同意提供与这些组织所拨款项数量相当的资助(Schuster，1989a)。尽管大多数州艺术委员会赞助传统艺术，但是，加利福尼亚艺术委员会将所有的活动都集中在平民主义艺术上，他们这样做，是想通过为那些在非惯常环境下，例如医院、学校和监狱里表演的艺术家拨款，从而使整个社区都能够创造艺术(Savage，1989)。一些城市的政府率先提出"艺术赞助百分比"计划，这些计划批准使用都市更新规划预算的百分之一在公共场所建立雕塑(Institute of Contemporary Art，1980)。

很明显，自从国家艺术捐助会在六十年代中期诞生以来，文化活动受众的数量大幅度增加。马尔卡希(Mulcahy，1985)指出，交响乐的受众增加了一倍，参观博物馆的人数也增长了一倍(p. 333)。参加舞蹈表演会的受众增加了十六倍。在很大程度上，有两个因素促成文化活动受众增多。第一个因素是艺术组织的数量增加，这样一来可供受众利用的文化活动增加了。马尔卡希(Mulcahy，1985)说："自从一九六五年以来，职业艺术组织的数量增长了百分之七百。职业管弦乐队从五十八个增加到一百四十五个；职业歌剧演出公司从三十五个增加到二百五十个；职业戏剧演出公司从四十个增加到五百个。"(p. 333)

导致艺术受众数量增长的第二个因素是，从一九四六年到一九七〇年，十八岁到二十四岁上大学的人的比例几乎增加了两倍(U. S. Bureau of the Census，1975，第一部分，p. 383)。艺术受众研究(DiMaggio & Useem，1978b；Robinson，Keegan，Hanford，&Triplett，1985)不断发现，受教育程度是影响人们参与艺术的主要因素。参与艺术活动最频繁的人是中上层阶级的成员，而不是精英上层阶级。按照迪马吉奥和尤西姆的看法(DiMaggio & Useem，1978b)，受过高等教育、收入低、从事令人尊敬职业的人，例如教师，是最大的艺术消费者。迪马吉奥和尤西姆(1978 b, p. 154)认为,艺术消费为这个群体提供了与上层阶级象征认同的机会。此外,马尔卡希(Mulcahy,1982)认为,教育是产生艺术意识的主要决定因素。他说:"作为我们的文化遗产的传播者,教师极有可能对艺术敏感。"(p. 41)

国家艺术捐助会试图通过扩大服务项目(outreach programs)使艺术更容易为下层社会经济群体所接受,扩大服务项目提供了针对那些显然丝毫没有艺术或文化旨趣的人的非传统节目和以社区为基础的文化活动(Mulcahy,1985)。然而,文化旨趣与受教育程度密切联系在一起,鉴于这一事实,企图将艺术受众扩大到至少受过大学教育的人之外一直没有成功。

在最近的三十年中,利用艺术活动的可能性和美国人的艺术活动消费史无前例地增长。受教育程度和收入的提高与休闲活动时间的增多结合在一起,创造了新的艺术组织能够生存和为更多的艺术家和表演者提供机会的氛围。

目前,有迹象表明艺术消费的扩张时期正在结束。中年人参加艺术活动的比例高于青年人。这种现象可解释为,生育高峰期出生的那一代人,是为数众多、属于同一年龄段的一代人,与前代人相比,他们在升学和就业方面面临着更加激烈的竞争,因此,他们没有多余的时间和收入来投入到艺术活动之中(Balfe,1989)。尽管作为一个群体他们受教育的程度比前几代人高,但是,在这一代人中,不像在前几代人中那样,教育与参与艺术活动看起来并不是息息相关的。①

---

① 在选择欧美高雅文化方面,他们的文化选择与受过教育的黑人的文化选择相似(见 DiMaggio & Ostrower,1990)

私人部门中的艺术赞助

在美国，单个而言，尽管政府是最大的捐赠人，但是，就特定的文化活动而言，私人捐赠者合起来的捐献是政府捐赠的两倍或三倍。正如怀斯佐米尔斯基(Wyszomirski, 1989, p. 2)所指出的那样，私人个体，无论是购票者还是捐赠人，是艺术收入最大的来源(在一九八六年，主要表演艺术百分之八十以上的收入源于此)。在八十年代，私人赞助增加了，而联邦和州政府的赞助下降了。

考虑到由于课税减免而带来的捐献，个人对艺术的赞助比这些数字所显示的甚至更大。以税收为基础的对艺术的间接襄助是美国艺术基金的主要来源(Schuster, 1989a)。这种襄助主要对博物馆有利，当一九八六年，联邦税法发生变化，废除了捐赠给博物馆的艺术品的课税减免，这变得很明显。三年后的研究表明，捐赠给博物馆的物品的数量和价值直线下降(Glueck, 1989)。按照现代艺术博物馆馆长的看法，“税收刺激对于大量收集藏品非常重要”(Glueck, 1989, p. 32)[②]。

从六十年代初以来，公司捐赠的艺术基金一直是恒定的——大约占百分之三十六——但是，它们捐献的绝对数字一直大幅度上升。[③] 某些公司成为最大的艺术捐助者。按照尤西姆(Useem, 1989)的看法，一个公司及其产品部门(服务而不是

---

② 人们正在试图修正一九八六年的税收改革法案，使捐赠给博物馆的捐赠品在捐赠时根据价值免税(A small price, 1990)。

③ 从一九六一年到一九八四年，公司捐献数量增长了二十八倍(Goody, 1984)。

制造)的规模是公司捐赠的主要指标。

在花销方面,公司一般都很保守:他们愿意赞助诸如博物馆、剧院、交响乐团和公共电视这类组织,而不愿意赞助个体艺术家(Useem,1989,p. 53)。它们往往向反映了公司试图加以影响的当地社群的兴趣和趣味的节目提供捐助。尤西姆(Useem,1989)报告说,**对当地社群的影响**和**地理位置**是公司衡量艺术组织对资金要求的两项最重要标准(p. 55)。

公司出于两种目的赞助艺术,一是把赞助当做负起社会责任的行为,二是为了创造良好的公共关系。在某些情况下,捐助被当做一种间接销售形式来使用(Useem,1989,p. 48)。这种策略导致了强调艺术是产品。公司往往赞助艺术家去做公司想做的事情,而不是赞助艺术家去做自己想做的事情(Martorella,1990)。

公司将艺术看做与中产阶级沟通的一个渠道,中产阶级十分珍视艺术。他们试图通过赞助艺术来影响中产阶级中的自由主义者,从而转移他们对商业活动的批评(Haacke,1981)。在某些情况下,他们能够将他们对艺术的赞助与公共关系和广告活动联系起来。公司在打算开拓新市场的地区或地区总部所在地,通过扶持艺术活动或赞助地区性的艺术家,来使用这种相关产品搭卖(tie-in)策略。

典型的是,公司四处宣扬它们对艺术的赞助。埃克森和美孚石油公司在《纽约时报》上用了大量广告空间宣扬它们赞助的公共广播频道的节目。菲利普·莫里斯(Philip Morris)三年捐赠三百多万美元赞助纽约大都会博物馆的梵蒂冈作品展,另外又拨了二百万美元为作品展览做广告以及支付一系列首场庆祝演出和宴会的费用。

相对来说,最新发展势态是将博物馆的分馆设在公司大楼内(Brenson,1986)。纽约的惠特尼博物馆在曼哈顿有好几个分馆。这对博物馆的有利之处在于增加了办公空间和影响新受众的能力。潜在的弊端是这两种组织之间的目标发生冲突。博物馆的目标应当是购买和展出有新意和令人感到刺激的艺术,然而,正如我们所见,公司的目标是赞助装饰性的、娱乐的和安全的艺术,使艺术适于充当公共关系的载体。

艺术政策:美国相对于欧洲

对艺术政策的比较研究从这样几个视角考察这些政策:(1)资助目标,(2)资助机构的组织,(3)资助的分配,以及(4)资助范围。各国文化政策的目标不同。美国有赞助文化的政策,但并不利用文化在总体上影响社会。相比之下,瑞典政府的新文化政策将文化当做瑞典社会福利政策的基石之一:教育、社会事务、住房和文化(Schuster,1989b)。与此相似,法国也有范围广泛和非常系统的文化政策。

当社会党于一九八一年在法国开始执政的时候,最初的姿态之一就是将国家的文化预算增加一倍(Ashton,1984)。社会党的文化政策有好几个目的:首先,它想通过增强全国人口参与艺术的程度,将文化民主化。这项政策采取的形式之一就是分散的形式,这意味着增加各省文化活动的预算。

其次,通过鼓励人们参加文化组织和活动,利用文化政策与社会孤立进行抗争。社会党文化政策的主要目标是利用文化来减少社会异化(Wachtel,1987)。当社会党开始执政的时候,法国正面临一场经济危机。经济危机使全国许多人产生了与世无争、异化和无意义的感觉。社会党政府试图利用文化来克服受经济危机消极影响的那些人的异化感。例如，建立免费广播电台，作为社区发表看法的渠道，鼓励当地组织，例如工会和职业团体，参与这些电台的节目设计。文化部也在街头组织公共音乐活动，鼓励人们参与，不计较他们的演奏水平或想演奏的音乐种类。

再次，文化政策不限于艺术，而且也用于补贴法国生产的流行文化，保护它不受国外流行文化竞争的伤害。在一九八六年，法国政府颁布一项规定，要求公共广播电台必须用一半以上的节目播放法国流行音乐（France acts，1986）。按照法国政府一位发言人的看法，这项政策的目的，在于防止法国广播电台成为在美国本土已告失败的美国流行音乐的垃圾箱。政府为爵士乐和摇滚乐音乐家以及古典音乐家拨款。一家完全用于收藏连环漫画册的博物馆，也建立起来了，这是世界上极少数同类博物馆之一。

最后，文化政策被用于保存和扩大高雅文化。社会党政府成立了一家新歌剧院和一座音乐“城”，“城”中包括一家与音乐以及创作和演出当代音乐的设施有关的博物馆。

各国内部和各国之间在政府向文化提供帮助的方式上有很大的不同。按照卡明斯和卡茨的看法（Cummings & Katz，1989），有四种可能：

> 首先是作为**主顾**的政府，它购买和偿付艺术家的服务与创作……其次是作为**市场操纵者**的政府……试图使它与艺术更加协调，例如减少税收和提供数目相当的拨款，来改善艺术家和艺术组织的财政状况。第三个角色是作为**调节者**的政府，政府针对艺术做出特殊决定（例如历史遗迹保护法）。最后是作为**主办人**（impresario）的政府，……政府本身组织和演出艺术节目（例如美国的新政艺术节目和法

国的法兰西喜剧项目[the Comédie Française])。(p.8)

美国政府往往是市场操纵者和调节者(Schuster,1989b,p.30),而法国、瑞典和英国等国政府更有可能是主顾和主办人。然而,欧洲国家越来越沿着市场操纵和调节的方向前进(Schuster,1989b,p.31)。

基金分配的某些趋向很分散,例如总结过去二十年削减费用和重视成本特色之后采取的扩张模式,以及下大力气分散艺术活动,使这些艺术活动很容易被不同地区的人们接触到。欧洲人正在鼓励在美国已经存在几十年的私人艺术资助形式(Cummings & Katz,1989)。

也存在将被赞助文化的范围扩大的趋向,将从前被视为流行文化内容的文化形式包括在内(Cummings & Katz,1989)。在西欧和加拿大,诸如电影、唱片、日报和出版等文化工业得到补贴(Schuster,1989b, p.19)。在美国,博物馆和交响乐团这类文化组织的活动范围扩大了,包括了易于理解和对大众有很强吸引力的素材。

这些趋向处处影响到精英与艺术之间的关系。在十九世纪和二十世纪初,精英们强调高雅文化和流行文化之间的界限,将自身与其他社会团体区分开来(DiMaggio,1982)。在二十世纪后半叶,他们对传播高雅文化的组织的控制日见薄弱。一方面,精英与非精英共同消费形形色色广泛传播的流行文化,降低他们介入高雅文化的程度。另一方面,人口受教育程度总体上升增加了对某些高雅文化的的需求,尤其对博物馆和音乐会的需求。这相应地导致维持这些组织所需要的资源扩大,而这些组织所需要的资源超出精英们所能奉献给这些组织的资源。由于政府和公司对这些组织的资助增加,对这些组织的控制从传统的中上层阶级精英们转移到从事管理和专业工作的精英们的手中。为了证明政府和公司赞助的合理性,这些组织需要吸引更多的受众,相应地,这就有必要重新界定它们的文化活动范围。一般来说,政府和公司资助艺术的资金增多使精英们失去对高雅文化的控制,模糊了高雅文化与流行文化之间的界限。卡明斯和卡茨(Cummings & Katz,1989)得出结论说:

> 如果在政治上扩大艺术的定义,高雅文化艺术活动可能会失去赞助,"高雅文化"的倡导者认识到这一点也是很自然的。然而,实际上经常发生相反的情况。通过争取更多的艺术政策支持者,这些人感觉到他们得益于艺术政策,如果艺术赞助减少,他们就会有所失,这样一来,艺术形式范围的扩大有助于保证继续和增多对"高雅文化"以及民间艺术等的赞助。(p.12)

然而,文化民主化与公众之间的联系仍旧是教育。艺术受众扩大是因为人口中受过大学教育的人口比例上升了。艺术应用范围的扩大并没有提高受众中受教育的人口比例。

媒体文化与政府政策

在美国,媒体文化是由庞大的和很有影响的私人企业生产和传播的。政府对这些企业的政策采用了调节形式;划拨的基金是微不足道的,因为这些企业的公有部分非常少,而私有部分是由广告收入和有线电视用户交纳的费用来赞助的。在许多国家,政府为电视事业提供资金,管理电视事业,有时候控制电视事业。在美国,这种可能性从来没有被认真考虑过。

调节受到这些企业本身的严重影响，一般来说，调节倾向于大公司控制小公司，大公司垄断竞争。这相应地对媒体文化内容具有启示意义。按照M.G.坎特尔和J.坎特尔的看法（Cantor & Cantor，1985），“决定播放内容的权力掌握在极少数人手里，三个网络的黄金时间的节目安排是由高级职员们决定的，他们通常将商业和竞争考虑放在节目的接受和多样性之先”（p. 161）。

从媒体工业之外影响媒体文化内容的企图通常来自私人部门中的公共利益群体。M.G.坎特尔和J.坎特尔（Cantor & Cantor，1985）描述美国广播调节系统时，说它的作用“微不足道”。其中主要调节角色是联邦通讯委员会（FCC）和美国司法部（利用反托拉斯立法）。国会、法院和公民团体时常介入。在其全部历史上，这个系统偏向大公司而不偏向消费者。联邦通讯委员会实际上被广播网收买了，它的委员和高级雇员在这里的工作期结束之前或之后或无论前后经常为广播网效力（Mosco，1979，p. 16）。国会也往往偏向广播网，因为后者控制了一种重要资源：在选举期间接触选民。

面对诸如调频广播、超高频电视、有线电视和付费电视等技术革新，联邦通讯委员会的反应是，它选择了最保守的解决办法：维持现状，从而巩固了三家主要广播网的支配地位。在这些情况下，联邦通讯委员会的行动具有法律权威，但是它获取的做出这些决定所需要的专门知识的资源却微乎其微。它的政策能够推迟，但是不能永远阻止以这些创新为基础的电视业的发展。

有线电视业的发展是说明联邦通讯委员会政策的绝好例子。在有线电视业早期阶段，联邦通讯委员会对它进行严格规定，明确规定了有线电视公司的特定市场。有线电视公司在七十年代初向最高法院提出诉讼，这些规定最后在一九七九年被最高法院推翻。卫星通讯的发展加速了后来有线电视公司的发展,有线电视公司利用卫星通讯创造了新的网络,开始从三家主要网络那里拉走观众。

在八十年代初,新的立法赋予了有线电视公司增多的对节目和服务类型的控制权,从而为有线系统卖主垄断所传播的媒体文化的胜利铺平了道路。能够限制这些公司权力的另一种政策,就是原本应当将这些公司当做类似于公共事业公司的地方垄断组织,要求它们以最低价格来提供任何节目或播放服务。与此相反,一九八四年的有线电视特许经营权政策和通讯法案,使有线电视系统的经营者有权拒绝播放竞争者提供的节目和服务(Schmuckler & Dean,1984)。④

因此,有线电视似乎同其他流行工业一道,遵循着相同模式:受到极大限制媒体创新潜力的寡头垄断的控制。国家最大的有线电视帝国——电信公司(TCI)——的管理被描述为"尽一切可能扼杀和扑灭竞争"(Davis,1990, p.53)。

尽管有线电视频道生产了一些具有原创性的节目,族群和宗教群体拥有的有线电视网络也提供了多种多样的节目(除此之外他们看不到自己想看的节目),但是,许多有线电视频道主要依靠重复播放旧的网络节目。在有线电视上收视率最高的常播节目中网络重播节目占很大比例(Carter,1989)。纽曼(Neuman,1988)提出下述大众传播规律:"可利用的录像节目越多,供普通受众观看的节目的多样性就越差。"(p.346)这种似是而非的结果,在一定程度上是网络节目编排者承受的激烈的经济

④ 由于有线电视业进行了有效的游说,联邦通讯委员会在一九九一年制定的限制有线电视服务价格上涨的规定如此软弱无力,以至于被消费者群体和地方政府指责为毫无用处(Andrews,1991)。

竞争压力造成的，网络节目编排者“偏离提高质量、增强多样性或增加实验新的教育和亲社会的(prosocial)节目编排的自由”(Neuman,1988,p.347)。这也是娱乐节目数量增多而非样式增多的结果，娱乐节目的增多使新闻和有关公共内容的节目的受众数量下降。

公共电视事业和公共无线电事业这两个例子，能够说明流行文化的性质如何受到其他政策的间接影响。公共电视事业的拨款是无计划的。联邦政府提供部分基金，其余基金必须来自于基金会、公司和州政府。由此产生的资金不确定性导致经常努力去争取基金，使公共电视频道很难制定长期计划。公共电视节目的制作者们不得不花费大量时间寻找基金，不得不调整目标以迎合资助者的要求。这样一来就减少了他们的节目中有争议性的内容，尤其当捐赠者是公司时就更是如此(Powell & Friedkin,1983)。

公共广播电台播放的同类音乐的情况也很有启迪。直到八十年代初，全国公共广播网(NPR)资助的大学电台是播放流行音乐的主要电台，对于主要唱片公司来说，这些流行音乐过于大胆或复杂。大幅度削减全国公共广播网的预算意味着这些电台不得不重新调整节目编排。在寻找更多的受众和捐赠者过程中，许多电台不得不限制每天播放唱片的数量，这样一来，就限制了它们播放的新的和不同种类音乐的数量。这相应地影响到小唱片公司销售同类音乐的能力，因为这些大学电台是它们的主要市场。换句话说，削减公共广播网的预算对流行音乐产生了始料未及的后果。

如上文所见，四十年代针对电影业进行的反托拉斯诉讼剥夺了它们的联号影院，一度为独立电影制片人提供了推动力，但是，到了七十年代中期，联合大企业所拥有的大公司重新控制了电影业。莫纳科(Manaco,1979)赞同立法保护电影业,使之免受联合大企业的剥削,要求它们将从电影那里获得的利润重新投资到电影业当中,而不是投到相关行业中。

将来,控制媒体文化的联合大企业无疑将会越来越少,这些大企业的规模将越来越大,它们不仅仅是全国性的,并且是全球性的。专门向全球市场销售媒体文化的庞大联合大企业,例如海湾和西部工业公司以及时代—华纳通讯公司,引起人们的疑问,是否应当采取措施制约这类公司对不同类型媒体控制的程度。在政府对大众媒体的控制非常多的发达国家中,明显出现三种对立趋向:(1)沿着美国的路线促进媒体私有化,(2)试图限制美国联合大企业进入它们的市场,(3)在好莱坞电影制片厂投资,企图控制大众媒体的来源。[5] 下一章将探讨全球性媒体文化的启示。

---

⑤ 见第四章。

第八章　结论:走向全球性文化

在社会科学和人文科学中,全球性文化迅速成为一个时髦概念,尽管关于这个术语的确切含义几乎没有达成共识(见Featherstone,1990)。它意味着存在世界上大多数国家共有的一种共同文化,这种共同文化是来自各民族各地区的文化以某种方式合并形成的。过去,录制文化在很大程度上是在地域基础上传播的。拥有相同或相关语言和区域以及相似政治制度的国家,互相交换主要是中产阶级消费的录制文化产品。

今天,某些种类的录制文化在具有不同语言、政治和历史传统的地区销售。它们惟一的要求似乎就是购买力,购买力暗示一定的经济发展程度。全球性文化需要发行和销售文化的全球系统;在许多不同国家生产和发行货物的跨国联合大企业,是全球性文化扩张的一个主要因素。

相似的录制文化产品能够在许多不同的国家中使用,并不意味着每一个国家对它们的阐释都相同。来自不同文化背景的人对相同文化符号的阐释将是不同的。相反,不同国家的人们受到了相似录制文化产品的影响,他们对这些产品进行不同的阐释和利用。例如,甚至在一般被视为最重要的国际性语言——英语语言的层面上,越来越多的迹象表明,不同的国家和同一个国家不同族群内部正出现不同形式的英语,例如印度和澳大利亚的英语,以及美国黑人的方言。对全球性文化的反应也未必限于以民族为基础的群体。亚民族群体，民族国家内部的族群和跨国群体，例如以宗教或意识形态一致性为基础的移民社群，也是非常重要的（Appadurai，1990）。

简言之，文化的全球化与文化的类同化（homogenization of culture）不是一回事。不仅民族文化改造了全球性文化，而且民族政府也充当把关者，调节文化的流动。在特定国家内部，对全球性文化的某些因素，既有人接受，又有人反对。例如，当法国政府与沃尔特·迪斯尼公司签定合同在法国修建一家欧洲迪斯尼乐园的时候，法国知识分子抱怨说，迪斯尼人物将会污染法国的文化资源，称其为"文化的切尔诺贝利"（Greenhouse，1991）。当迪斯尼的董事长来到巴黎证券交易所启动股票上市的时候，左翼游行示威者向他投掷了鸡蛋和调味番茄酱。

事实上，作为全球性文化的把关者，民族政府面临越来越多的困难。一方面，它们必须加快适应国外的文化变迁，但是，另一方面，它们需要保留本国文化遗产中的一些因素。一种极端是，像加拿大这样的国家面临来自美国的媒体文化的大举"入侵"，有失去其身份属性的危险。另一种极端是，专制政权，试图将全球性文化连同它的民主化和现代化影响一起拒之门外，这样一来它陷入了能够扼杀各种创新的文化孤立之中。

表现为媒体文化和都市艺术文化形式的录制文化，是构成今日全球性文化的五大文化潮流中的一类。阿帕杜莱（Appadurai，1990）确认了其他四种：(1)种族迁移（ethnoscapes），包括从一个国家流动到另一个国家的人们，例如旅游者、移民、难民、流亡者和客籍工人。(2)技术迁移（technoscapes），包括技术革新，其中既有机械技术革新，又有信息技术革新。(3)金融迁移（financescapes），包括从一个货币和商品市场流动到另一个货币和商品市场的投资和货币。(4)意识形态迁移（ideoscapes），包括各种意识形态,既有现代的,又有传统的。

阿帕杜莱认为,尽管人们往往根据中心—边缘模型来阐释这些文化流动,但是,这类模型不足以解释这些流动的复杂性,这些流动产生于不同地区,向不同方向移动。人口的流动(种族迁移)往往是从比较贫穷的国家迁往比较富裕的国家,但是存在许多边缘和许多中心。尽管金融流动主要集中在比较发达的国家,不能根据一个中心将其概念化,相反,它包括由许多国家的行动者组成的极为复杂的网络。新技术产生于涉及到许多国家的公司复杂的国际合作中。阿帕杜莱假设说,这五个方面彼此独立发挥作用,但同时相互影响。

在下文中,当全球性文化观念应用于媒体文化和都市艺术文化时,我将试图将其概念化。尤其值得注意的是,我将考察核心文化、边缘文化和都市文化在多大程度上构成全球性文化形式。在每一种情况下,我都将考察(1)广泛传播全球性文化的一种特殊形式的组织结构,(2)这些组织结构是怎样影响被传播的全球性文化的数量和类型的,(3)一种全球性文化形式兴起的程度。

媒体联合大企业,由于其规模庞大和易于获得财政资源,非常有利于向全球性文化施加影响。许多最有影响力的媒体联合大企业都是美国的联合大企业,尽管近年来总部设立在欧洲和亚洲的联合大企业在国际舞台上已经成为很有影响的角色。然而,正如我们将要见到的那样,媒体文化对某些类型的国家产生影响,对其他国家没有什么影响。结果,全球性文化,就其存在的范围而言,是一种在很大程度上局限于特殊地理区域的现象。

世界上所有国家通常被划分为三种类型,第一世界(由工业市场经济组成),第二世界(社会主义和共产主义国家)和第三世界(比较不发达国家)。正如我们将要看到的那样,全球性文化在很大程度上限于第一世界国家。它一般被第二世界国家排斥在外，这些国家的政府直到最近还在把关审核，检查文化产品在政治上是否正确。在第三世界国家中，某些全球性文化已经渗透到拉丁美洲，但是，在中东、非洲或亚洲产生的影响不太大。

《世界各国电影指南》(Cowie，1991)指出，在报道的三十四个国家中，美国影片在各国上映的五部最重要的影片中占绝大多数。尽管这些国家有许多国家电影工业，可是只有美国能够在多个国家获得最高票房收入。然而，《指南》所统计的三十四个国家主要是第一世界国家(十九个)和拉丁美洲(第三世界)国家(六个)。在该手册中的四个社会主义国家中，美国影片在两个国家占据优势，在其他国家中没有进入最重要的影片之列。在手册所收录的第三世界亚洲国家和中东国家中，美国影片也没有成为最走红的影片。在八十年代末，全球电影文化符合美国居中心的中心—边缘模型，但是它的影响范围限于第一世界国家。

有人可能认为，在一些国家接受其他国家传播的核心媒体文化的过程中，文化因素会占据主导地位，因为虚构的娱乐节目在受众个人经验和期盼基础上吸引受众。这种阐释表现在霍斯金斯和米拉斯(Hoskins and Mirus，1990)引用的评论中："一个民族的全部虚构节目是它的文化的生命线"(p. 90)。

然而，对全球性文化的支配，似乎是传送国的经济因素的功能，而不是接受国的文化传统或地域因素的功能，因为构成好莱坞影片重要市场的工业国(第一世界)体现了非常不同的文化传统，表现为非常不同的地理区域，例如日本、西欧和南非。

正如我们所见，好莱坞电影公司在其他国家创建发行网络一般比当地电影公司更为成功，它们有更多的资金来投资拍摄吸引大多数国际受众的"耗巨资拍摄的大片"(Phillips，1982)。

有迹象表明，这种文化形式的影响是逐渐积累起来的。公众越是接触快节奏、重视动作的美国片，他们往往就越喜欢美国影片，而不喜欢本国制作的慢节奏、深入探索人物和环境的影片。结果，为了给本国电影工业留一席之地，法国最近开始利用政府补贴制作耗资比较昂贵的影片，这些影片吸收了好莱坞一些惯常手法(Dupont，1991；Rose，1991)。

此外，美国电视剧和连续剧在国际市场上占优势地位也主要是与经济因素有关，而不是与文化态度和价值有关。霍斯金斯和米拉斯(Hoskins & Mirus，1990)认为，美国电视节目在国际市场获得成功，在很大程度上是这些节目的生产环境造成的。这个国家的面积和财富本身就意味着，成功的节目是极其有利可图的。因此，主要成本能够在本国得到弥补：以极低的价格出口节目，对于这些较低的价格，国外制片厂常常无法与之相比。

另一个重要因素是美国社会的种族和文化多样性，这就意味着节目必须采用引起共同兴趣的主题，避免过多的文化特性。这些共同因素增加了美国影片对外国观众的吸引力。最后，生产这些节目所处的高度竞争的环境往往偏爱能在任何市场进行竞争的制片厂。

电视娱乐节目的全球市场有多大？首先，电视娱乐节目的受众主要集中在第一世界国家(Varis，1985)。非洲、亚洲和中东的第三世界国家的电视机拥有率非常低。美国、欧洲和拉丁美洲电视机拥有率最高，① 这并不令人奇怪。在电视受众最多的十个国家中，有八个是第一世界国家，第二世界和第三世界各

---

① 每一千人电视机拥有率如下：非洲(不包括阿拉伯国家)十台；亚洲(不包括阿拉伯国家)三十七台；阿拉伯国家，五十六台；欧洲(包括属于前苏联的国家)三百零九台；北美洲，六百一十八台；拉丁美洲，一百一十一台；大洋洲(澳大利亚和新西兰)，二百九十一台(Varis，1985，p.18)。

有一个(Varis,1985)。

因此,尽管第三世界国家一般进口将近百分之五十的电视节目,可是收看这些节目的人只占很小的人口比例(Varis,1985, p.21)。第二世界国家,除了过去属于苏联的那些国家外,它们的电视节目中只有百分之二十五是进口的。第一世界和一般进口百分之二十五到百分之五十的电视节目的拉美国家,由于电视机拥有率高,构成了这种形式的全球性文化的主要市场。

美国是西欧、非洲和拉丁美洲主要的电影和电视剧出口商。然而,在第二世界国家中,美国的势力是完全不存在的(Varis,1985 pp.55—59)。在中东,美国的影响限于非阿拉伯国家;它在阿拉伯国家不存在。美国是主要出口国,也是进口率最低的国家(它的节目只有百分之二是进口的)(Varis,1985, p.19)。

西欧国家也对全球性电视文化做出了贡献,但是它们的作用小于美国。它们在第二世界的势力远远大于在美国的势力,接近于美国在西欧和中东的势力。西欧和中东地区交流似乎在增多(Varis,1985, p.53),这表明,与经济因素相比,文化的重要性可能正在增大。

鉴于少数第一世界的支配地位,以及全球性文化再现与美国和西欧有关的一种特殊文化和社会价值混合物的程度,有必要发展融会了许多不同国家的文化传统和社会价值的一种真正的全球性文化。日本的技术和工业品对世界其余国家产生了巨大影响,但是,它在媒体文化方面产生的影响要小得多。②

这是否表明,随着第三世界国家的发展,它们将会成为原产

② 某些国家,例如日本和巴西,特殊产品的销售非常成功。日本在世界范围内销售儿童动画片(Varis,1985,),巴西的连环漫画也获得类似成功。

于美国的媒体文化的主要市场呢？由于波及美国和西欧媒体工业的经济变化，美国在核心媒体（电影和电视）中的支配地位可能会逐渐下降。例如，尽管好莱坞依然是世界上其余国家的主要电影出口商，可是主要公司的控制权已经转移到外国公司手里，尤其是日本和法国的公司（Riding，1991）。这些变化对好莱坞影片性质的影响还有待于观察（Sanger，1989；Stevenson，1991）。正如我们所见，由于有线电视网的竞争，在过去的十年中，美国电视网已经失去了相当多的黄金时间的电视受众。每当电视娱乐节目的成本上涨，就会削减分配给生产电视娱乐节目所需的资源。这些事件将来对电视娱乐节目的性质产生什么样的影响也还有待于观察。这些变化最终会产生比当前全球性文化形式更有国际影响的全球性媒体文化新形式。

边缘文化销售给年龄不同和生活方式不同的受众。图书的全球市场仅限于极少数第一世界国家。在这些国家，最走俏的也是畅销小说（Curwen，1986）。在此，美国的跨国出版公司同西欧四个国家的跨国出版公司共同分享全球市场，这四个西欧国家是英国、德国、法国和西班牙（Curwen，1986，p. 4）。这些公司在许多国家有业务，它们从原产国出口图书，也在建立分公司的国家出版图书。在这个全球市场上，美国不像在媒体文化领域那样占据支配地位。例如，美国进口的图书超过向八个国家出口图书的数量，除了其中的一个国家之外，其余的都属于第一世界（Curwen，1986， pp. 70，72）。

广告是另一种边缘媒体文化形式，但是，就少数公司所占的收入份额而言，它更为集中。它也是由几个第一世界国家的跨国公司支配的。根据鲍多的统计（Baudot，1989，p. 19），世界上最重要的二十家广告代理公司中，美国有十一家，英国有三家，法国有三家，日本有二家。世界广告公司的领袖是一家日本公司。可是，据说美国广告工业极大地影响了国际广告业的风格、概念、技巧和技术(Baudot，1989)。

这些最重要的公司的业务活动主要集中在第一世界国家，其余的集中在拉美和亚洲，社会主义国家、中东和非洲见不到它们的活动(Baudot，1989，pp. 25—26，32)。世界广告费用总数的百分之九十五用在第一世界(Baudot，1989，p. 32)。[3] 此外，这个领域的全球性文化也主要限于第一世界。

与图书出版业和广告业相比，全球性流行音乐文化也渗透到许多国家，其中既有第一世界国家，也有第三世界国家。全球性流行音乐工业由五家主要跨国公司支配(两家欧洲公司，三家美国公司)(Shore，1983)。尽管它们的销售额中将近百分之八十集中在十一个发达国家(根据肖尔的估计，见 Shore，1983， p. 217)，这些公司在二十三个第一世界国家和三十一个第三世界国家或是以独资的形式或是与当地公司合资来开展业务(Shore，1983，pp. 226—227)。与电视和电影业不同，在大多数情况下，音乐产品实际上都是在这些国家使用母带制造的。这些公司与销售当地音乐的大量独立的小公司共同占有市场。

在任何地方都能利用最少的资源创作出新音乐，在这个意义上，流行音乐不同于电影和电视。这意味着，发达国家或第三世界国家独立经营的公司录制的音乐作品都有可能与主要公司的音乐产品竞争，这种情况偶尔发生。跨国公司传播的全球性音乐起源于哪一个国家？在对多项指标进行考察之后，肖尔(Shore，1983)得出结论说，这种音乐大部分来自美国，英国生产

---

③ 这是由于后面所说的地区相对缺少需要大张旗鼓做广告的产品的市场，例如酒类、汽车、化妆品和烟草等的市场(Baudot，1989，p. 28)。

的比较少(p. 264)。[4] 美国走红的歌曲几乎一成不变地使用英文抒情歌词。来自其他西欧国家的音乐在美国和英国几乎没有什么影响。除了牙买加的雷盖(Reggae)之外,来自第三世界的音乐也是如此。然而,在一些西欧国家之间和拉美国家之间,存在音乐的地区流动,例如,法国音乐在德国流行。

这些趋向并不意味着,同好莱坞电影工业的情况一样,美国音乐在许多国家构成走红音乐中的大多数。肖尔(Shore,1983)得出结论说:

> 在走红的当地歌曲与国外歌曲之间的数量对比上,国与国之间存在很大的差别。尽管美国音乐在世界大多数地区都有市场,极少有音乐回流到美国,但是,说美国在世界各地支配了当地的音乐是不正确的。在世界上的许多国家和地区,例如,在拉美,大多数成功的唱片是当地艺术家用民族语言演唱的(p. 256)。

产生这种情况的一个原因是,跨国公司也销售当地艺术家的作品,这些跨国公司很好地与当地音乐工业合为一体。然而,这些国家的独立经营的小公司,同美国的同类公司一样,一般冒着风险实验新音乐。在一些小国家,它们在维护民族音乐文化方面发挥了重要作用(Wallis & Malm,1984,p. 119)。另一个因素是,在全球范围内传播的英美摇滚乐,刺激了与当地文化相适应的当地摇滚乐的发展,刺激小公司和夜总会的发展(Wallis & Malm,1984)。按照沃利斯和毛姆的看法(Wallis & Malm,

---

④ 例如美国出口到指定国的唱片和磁带,对在十二个抽样国家销售的音乐种类、十八个国家中走红的单曲唱片和密纹唱片的歌曲语言、十六个国家中当地艺术家与外国艺术家走红的单曲唱片和密纹唱片的百分率对比,以及在十六个国家中当地艺术家和外国艺术家唱片销售量对比,做了分析(Shore,1983,第六章)。

1984)，在小国家文化史上，七十年代是创造力很强的时期(p. 302)。

沃利斯和毛姆(Wallis & Malm，1984)也指出，从各种音乐文化中吸收了一些音乐特点的一种真正的全球性文化，将会过于标准化而难以令人满意(p. 324)。他们认为，在传统音乐存在的同时，保持以新的音乐技术发展为基础的异质性，比标准化更为可取。为了达到这个目的，维护小国家的音乐文化是一项至关重要、但却是棘手的任务。

都市文化在多大程度上构成一种全球性文化形式？都市文化吸引了人口中的特定阶层，它们是小的都市艺术组织生产的。我在第六章区分了以赢利为目的的艺术、不以赢利为目的的艺术和先锋派艺术。不以赢利为目的的艺术主要表演或播放名声已经确立的音乐家或艺术家的作品，这些作品一般都是过去的作品。交响乐团和歌剧公司演出的古典音乐，看起来是一种第一世界和第二世界受众共享的全球性文化形式。除了拉丁美洲之外，这种文化形式在第三世界体现最少。交响乐团有着漫长的历史：克雷文(Craven，1987)评论的交响乐团有百分之八十二是在一九五六年之前成立的，百分之五十成立于一九三六年之前。在大多数情况下，这些组织演出以德国、法国和意大利作曲家的作品为基础的古典作品，同时它们特别注重本国作曲家作品。

同交响乐团和歌剧公司一样，艺术博物馆是原产于西方的一种机构，[5] 但是，与其他两种类型的组织相比，它们在第三世界的发展更为广泛。按照康内利(Connelly，1987)的看法，“艺

⑤ 按照康内利的看法(Connelly，1987)，“艺术博物馆这个概念完全是西方社会的产物，决不是亚洲文化固有的”(p. 15)。

术博物馆是日渐高涨的民族主义的产物，在一些新近从西方殖民列强统治下获得独立的国家，高涨的本土文化意识和保存本土艺术品的决心推动了博物馆的发展”（p.16）。结果，与音乐的常见曲目相比，艺术博物馆的常见收藏品更加有限。欧洲之外的大多数博物馆展出本国创作的作品；它们在展示本民族的遗产。主要例外是，一些博物馆有了收藏少数重要欧洲画家作品的倾向，这些作品经常是法国印象派作品。相比之下，就博物馆的收藏清单而言，西方几家重要博物馆是全球性文化的缩影。诸如纽约大都会艺术博物馆和巴黎罗浮宫这样的博物馆，收藏了来自大多数重要的古代文明的艺术品和从许多国家广泛挑选出来的艺术品。

尽管在国际范围内，都市艺术文化受众的数量少于媒体文化受众的数量，但是，古典形式的都市艺术文化传播非常广泛，这表明，我们今天称之为全球性文化的事物实际上不是一个最近才出现的现象。然而，都市艺术中的全球性文化在很大程度上限于发达国家和不太发达国家，例如拉丁美洲国家，在这些国家，主导文化主要是由欧洲传统塑造的。

其他都市艺术的影响似乎更加零散，就像选择一种特殊的音乐或服装风格通过媒体文化传播产生的影响一样。提供了各种创新的都市文化是供媒体文化利用的一个思想宝库。因而，对它们存在的威胁就是对媒体文化的潜在威胁，由于媒体文化逐渐扩大到越来越多的国家，它需要从种类繁多的都市文化中发现新的动机和主题来更新自身。

结论:全球系统相对于民族系统

有关录制文化在扶植和维护文化与社会整合方面发挥作用的一个重要问题,还有待于回答。[6] 社会理论家往往假定一种高度的文化整合,在这种整合中,每一个因素彼此依赖,而社会结构被理解为高度区别的(Archer,1985)。一些理论家臆断,全国性文化工业传播的录制文化施加一种一致的文化世界观。相反,本书认为,这些工业传播变化的和不一致的文化信息,社会定位不同的受众对这些文化信息相应地做出不同阐释。随着全国性文化工业的活动范围扩大到国外,文化内容可能变得越来越固定陈旧,但是,它相应地会被种类越来越多的受众给予比以往更为多样的阐释。

与核心文化工业相比,边缘文化工业显示出与不同生活方式和社会经济资源相对应的风格和趣味日益零散化。与此同时,以社会网络为基础的都市文化正让位于以相似消费模式为基础的郊区生活方式,逐渐增多的中年人和老年人在社会上比较孤立,他们似乎成为电视迷,看电视这项文化活动完全是消极和反社会的。核心录制文化在提供共有文化的某种外观方面的作用,边缘文化和都市文化扶植和维护社会整合的作用,都需要在理论上和经验上进行深入的研究。

⑥ 讨论有关文化和社会整合的社会理论,见 Archer(1985)。

参考书目

Allen(艾伦), R. C. (1983). On reading soaps: A semiotic primer (《论解读肥皂剧:符号学入门》). In E. A. Kaplan (Ed.), *Regarding television*(卡普兰编《论电视》)(pp. 97—108). Frederick, MD: University Publications of America.

Allen(艾伦), R. C. (1989). Reader-oriented criticism and television(《以读者为中心的批评与电视》). In R. C. Allen (Ed.), *Channels of discourse*: *Television and contemporary discourse*(艾伦编《话语渠道:电视与当代话语》) (pp. 74—112). New York: Routledge.

Allien(艾琳), B., & Cathelat(卡斯拉特), B. (1988. November/December). La planète Mickey(《米奇行星》). *La Nouvelle Amerique*, *Documents Observateur*(《新美洲观测文献》). pp. 11—19.

Altman(奥尔特曼), R. (1981). The American film musical: Paradigmatic structure and mediatory function(《美国音乐片:范式结构和调节功能》). In R. Altman (Ed.), *Genre*, *the musical*: *A reader*(奥尔特曼编《音乐片体裁读本》) (pp. 19—207). London: Routledge & Kegan Paul.

Anderson(安德森), B., Hesbacher(赫斯巴奇尔), P., Etzkorn(埃茨科恩), K. P., & Denisoff(丹尼索夫), R. S. (1980). Hit record trends, 1940—1977(《一九四〇——一九七七年流行唱片趋势》). *Journal of Communication*(《传播杂志》), 30, 31—43.

Andrews(安德鲁斯), B. (1985). The 'I Love Lucy' book(《＜我爱卢西＞一书》). Garden City, NY: Doubleday.

Andrews(安德鲁斯), E. L. (1991, June 14). F. C. C. is increasing local regulation of cable TV rates(《联邦通讯委员会正逐步加强对地方有线电视费用进行管理》). *The New York Times*(《纽约时报》), pp. A1, D14.

Ang(安), I. (1985). *Watching Dallas: Soap opera and the melodramatic illumination*(《观看<达拉斯>:肥皂剧和情节剧想像力》). New York: Methuen.

Angus(安格斯), I. & Jhally(杰哈利), S. (Eds.). (1989). *Cultural politics in contemporary America*(《当代美国的文化政治》). New York: Routledge.

Appadurai(阿帕杜莱), A. (1990). Disjuncture and difference in the global culture economy(《全球文化经济中的分裂和差异》), *Theory, Culture and Society*(《理论、文化和社会》), 7, 295—310.

Archer(阿奇尔), M. (1985). The myth of cultural integration(《文化整合的神话》). *British Journal of Sociology*(《英国社会学杂志》), 36, 333—353.

Arian(阿里安), E. (1971). *Bach, Beethoven and bureaucracy: The case of the Philadelphia Orchestra*(《巴赫、贝多芬和官僚机构:费城交响乐团案例分析》). University: University of Alabama Press.

Ashton(阿什顿), D. (1984) Cultural soundings in France, 1981—84(《一九八一——一九八四年法国文化调查结果》). *Arts*(《艺术》), 58, 116—119.

Bacon-Smith(培根—史密斯), C. (1991). *Enterprising women: Television fandom and the creation of popular myth*(《有事业心的妇女:电视迷和流行神话的创造》). Philadelphia: University of Pennsylvania.

Bagdikian(巴迪基恩), B. (1987). *Media monopoly*(《媒体垄断》) (2nd ed.). Boston: Beacon Press.

Bainbridge(贝恩布里奇), W S. (1986). *Dimensions of science fiction*(《科幻小说维度》). Cambridge, MA: Harvard University Press.

Balfe(鲍尔弗), J. (1989). The baby-boom generation: Lost patrons, lost audience? (《生育高峰出生的一代人:失去的主顾,失去的受众?》) In M. J. Wyszomirski & P Clubb (Eds.), *The cost of culture: Patterns and prospects of private arts patronage* (怀斯左米尔斯基和克拉布编《文化的代价:私人艺术赞助的模式和前景》)(pp. 9—26). New York: American Council for the Arts Books.

Ballio(巴利奥), T. (1988). *United Artists: The company that changed the film industry*(《联合艺术家:改变电影业的公司》). Madison: University of Wisconsin Press.

Baltzell(巴尔泽尔), E. D. (1979). *Puritan Boston and Quaker Philadelphia: Two Protestant ethics and the spirit of class authority and leadership*(《清教波士顿和贵格费城:两种新教伦理与阶级权威和领导精神》). New York: The Free

Press.
Banfield(班菲尔德), E. C. (1984). *The Democratic muse: Visual arts and the public interest*(《民主缪斯:视觉艺术和公众旨趣》). New York: Basic Books.
Baudot (博多), B. S. (1989). *International advertising handbook* (《国际广告手册》). Lexington, MA: D. C. Heath.
Baxter(巴克斯特), J. (1970). *Science fiction and the cinema*(《科幻小说与电影》). New York: A. S. Barnes.
Becker(贝克尔), H. (1982). *Art worlds*(《艺术世界》). Berkeley: University of California Press.
Belinfante(贝林范特), A., & Johnson(约翰逊), R. L. (1983). An economic analysis of the recorded music industry(《音乐录制工业经济分析》). In W. S. Hendon & J. L. Shanahan (Eds.), *Economics of cultural decisions* (亨顿和沙纳汉编《文化决策经济学》)(pp. 132—142). Cambridge, MA: Abt Books.
Bell (贝尔), D. (1976). *The cultural contradictions of capitalism* (《资本主义文化矛盾》). New York Basic Books.
Belz(贝尔兹), C. (1973). *The story of rock* (《摇滚故事》) (2nd ed.). New York: Harper Colophon Books.
Benjamin(本雅明), W. (1969). The work of art in the age of mechanical reproduction (《机械复制时代的艺术作品》) In H. Arendt (Ed.), *Illuminations*(阿伦特编《启迪》) (H. Zohn., Trans.; pp. 291—353). New York: Schocken Books.
Bennett, (贝内特) T., & Woollacott (伍拉科特), J. (1987). *Bond and beyond: The political career of a popular hero* (《束缚和超越:一位大众英雄的政治生涯》). New York: Methuen.
Bensman (本斯曼), J., & Gerver (杰弗), I. (1958). Art and mass society (《艺术和大众社会》). *Social Problems*(《社会问题》), 6, 4—10.
Berliner(伯利那), P. (1990). *Learning and creativity in minority communities: A case study of jazz improvisers*(《少数民族社群中的学习和创造性:爵士乐即席演奏者案例研究》). Unpublished manuscript, Northwestern University, Evanston, IL.
Berman(伯曼), R. (1979, November). Art vs. the arts(《艺术与多种艺术》). *Commentary*(《评论》), 68, 46—52.
Blair (布莱尔), K. (1982). The garden in the machine: The why of Star Trek (《机器

中的花园:星际旅行之谜》). In H. Newcomb (Ed.), *Television: A critical view*(纽科姆编《电视:一种批评观点》)(*pp.* 181—197). New York: Oxford University.

Bordwell(博德维尔), D. (1985). *Narration in the fiction film*(《科幻影片中的解说》). Madison: University of Wisconsin Press.

Bottomore(博特莫), T. (1984). *The Frankfurt school*(《法兰克福学派》). London: Tavistock /Ellis Horwood Ltd.

Bourdieu(布迪厄), P (1984). *Distinction: A social critique of the judgement of taste*(《区隔:品味判断的社会批判》). Cambridge. MA: Hareard University Press.

Breen(布里恩), M., & Corcoran(科科兰), F (1982). Myth in television discourse(《电视话语中的神话》). *Communications Monographs*(《传播专论》), 49, 127—136.

Brenson(布伦森), M. (1986, February 23). Museum and cooperation—A delicate balance(《博物馆和公司——完美的平衡》). *The New York Times*(《纽约时报》), sect. 2, pp. 1, 28.

Brosnan(布罗斯南), J. (1978). *Future tense: The cinema of science fiction*(《将来时:科幻电影》). New York: St. Martin's Press.

Burger(伯格), P. (1984). *Theory of the avant-garde*(《先锋派理论》)(M. Shaw, Trans.). University of Minnesota Press.

Burnett(伯内特), R., & Weber(韦伯), R. P (1988) *Concentration and diversity in the popular musical industry, 1948—1986*(《1948—1986年流行音乐界的集中和多样性》). Unpublished manuscript, Harvard University, Office for Information Technology, Cambridge, MA.

Bystryn(比斯特恩), M. (1978). Art galleries as gatekeepers: The case of the abstract expressionists(《作为把关者的美术馆:抽象表现主义者案例分析》). *Social Research*(《社会研究》), 45, 390—408.

Calhoun(卡尔霍恩), C. (1988). Populist politics, communications media, and large scale integration(《平民派政治、传播媒体和大规模整合》). *Sociological Theory*(《社会学理论》), 6, 219—241.

Cameron(卡梅伦), W. B. (1954). Sociological notes on the jam session(《爵士乐即兴演奏会社会学札记》). *Social Forces*(《社会力量》), 33, 177—182.

Campbell(坎贝尔), R. (1987). Securing the middle ground: Reporter formulas in 60

Minutes(《坚守中间立场:“六十分钟”报道程式》). *Critical Studies in Mass Communication*(《大众传播批评研究》), 4, 325—350.

Canby(坎比), V.(1991, June 9). Biding adieu to the classic French film(《告别法国经典影片》), *The New York Times*(《纽约时报》), sec. 2, pp. 155, 32.

Cantor(坎特尔), M. G. (1971). *The Hollywood TV producer: His work and his audience*(《好莱坞电视制片人的作品和受众》). New York: Basic Books.

Cantor(坎特尔), M. G. (1979). The politics of popular drama(《流行戏剧政治》). *Communication Research*(《传播研究》), 6, 387—406.

Cantor(坎特尔), M.G. & Cantor(坎特尔), J. (1985). United States: A system of minimal regulation(《美国:一种最低程度的控制制度》). In R. Kuhn(Ed.), *The politics of broadcasting*(库恩编《广播的政治意义》)(pp. 158—196). New York: St. Martin's Press.

Cantor (坎特尔), M. G., & Cantor(坎特尔), J. (1986). Audience composition and television content: The mass audience revisited (《受众构成和电视节目内容:重访大众受众》). In S.J. Ball-Rokeach & M. G. Cantor (Eds.), *Media, audience, and social structure* (鲍尔—罗基奇和坎特尔编《媒体、受众和社会结构》)(pp. 214—225). Beverly Hills, CA: Sage.

Cantor(坎特尔), M. G. & Cantor(坎特尔), J. (1992) *Prime-time television: Content and control*(《第一时间的电视节目:内容和控制》). Newbury Park, CA: Sage.

Cantor(坎特尔), M. G., & Pingree(平格里), S. (1983). *Soap opera*(《肥皂剧》). Beverly Hills, CA: Sage.

Carey(卡雷), J. (1975). A cultural approach to communications(《传播的一种文化研究方法》). *Communication*(《传播》), 2, 1—22.

Carmody(卡莫迪), D. (1991, November 6). Despite industry gloom, magazines are vibrant(《尽管工业不景气,杂志依旧生机盎然》). *International Herald Tribune*(《国际先驱论坛报》), pp. 15, 19.

Carrillo (卡里洛), L. (1980). Chicano teatro: The people's theatre(《奇卡诺戏剧:人民的戏剧》). *Journal of Popular Culture*(《流行文化杂志》), 13, 556—563.

Carroll(卡罗尔), G. R. (1985). Concentration and specialization: Dynamics of niche width in populations of organizations(《集中与专门化:各个组织成员的大规模位置变动》). *American Journal of Sociology*(《美国社会学杂志》), 90, 1262—

1284.

Carter(卡特), B.(1989, May 29). Cable channels bite hands that feed them(《忘恩负义的有线电视频道》). *The New York Times*(《纽约时报》). Sect. I, p.35.

Carter (卡特), B. (1991, April 15). TV takes stock of a hitless season(《淡季电视节目的评价》). *The New York Times*(《纽约时报》), D1.

Cassata(卡萨塔), M., & Skill, T.(1983). *Life on daytime television: Tuning in American serial drama*(《白天电视节目中的生活:收看美国连续剧》). Norwood, NJ: Ablex.

Cathelat(卡斯拉特), B. (1985). *Styles de vie*(《生活方式》)(Vol. 1). Paris: Les Editions d'Organisation.

Cawelti(卡维尔第), J.(1976). *Adventure, mystery, romance*(《历险,神秘,言情》). Chicago: University of Chicago Press.

Cawelti(卡维尔第), J., & Rosenberg(罗森伯格), B. A. (1987). *The spy story*(《间谍故事》). Chicago: University of Chicago Press.

Clarke(克拉克), J. (1976). Style(《风格》). In S. Hall & T. Jefferson (Eds.), *Resistance through rituals: Youth subcultures in post-war Britain*(霍尔和杰弗逊编《仪式抵制:战后英国的青年亚文化》)(pp. 175—191). London: Hutchinson.

Clarke (克拉克), J., Hall(霍尔), S., Jefferson (杰弗逊), T., & Roberts(罗伯茨), B.(1976). Subcultures, cultures, and class(《亚文化、文化和阶级》). In S. Hall & T. Jefferson (Eds.), *Resistance through rituals*(霍尔和杰弗逊编《仪式抵制:战后英国的青年亚文化》). London: Hutchison.

Cohen(科恩), R.(1990, September 30). If the written word is really dying, who is patronizing the 'superstores?'(《如果书写文字真的死了,谁还光顾"大型超级市场"?》)*The New York Times*(《纽约时报》), p. E6.

Cole(科尔), R. J. (1984, November 27). Prentice-Hall accepts $71-a-Share G&W Bid(《普伦蒂斯—霍尔出版社接受了海湾与西方工业公司每股七十一美元的出价》). *The New York Times*(《纽约时报》), pp. D1, D9.

Compaine(康佩因), B.M.(1980). The magazine industry: Developing the special interest audience(《杂志行业:发展特殊兴趣的受众》). *Journal of Communication*(《传播杂志》), 30, 98—103.

Compaine(康佩因), B.M.(1982). *Who owns the media? Concentration of ownership in the mass communications industry*(《谁拥有媒体? 大众传播工业的所有权集

中程度》) (2nd ed.). White Plains, NY: Knowledge Industry Publications.

Connelly(康内利), J. L. (1987). Introduction: An imposing presence: The art museum and society(《导论:一种不同凡响的存在:艺术博物馆和社会》. In V. Jackson (Ed.), *Art museums of the world*(杰克逊编《世界艺术博物馆》)(pp. 13—24). Westport, CT: Greenwood Press.

Coser (考泽), L. A., Kadushin (卡杜新), C., & Powell (鲍威尔), W. W. (1982). *Books: The culture of publishing*(《图书:出版文化》). New York: Basic Books.

Couch(库奇), S .R. (1983). Patronage and organizational structure in symphony orchestras in London and New York(《伦敦和纽约交响乐队的赞助和组织结构》). In J. B. Kamerman & R. Martorella (Eds.), *Performers and performances: The social organization of artistic work*(卡莫曼和马特雷拉编《表演和表演者:艺术作品的社会组织》) (pp. 109—122). South Hadley, MA: Bergin and Garvey.

Cowie (考伊), P. (Ed.), (1991). *Variety international film guide*(《世界各国电影指南》). Hollywood: Samuel French, Inc.

Crane(克兰), D. (1987). *The transformation of the avant-garde: The New York art world, 1940—1985* (《先锋派的转变:纽约艺术世界,一九四〇——一九八五》). Chicago: University of Chicago Press.

Crane(克兰), J. (1988). Terror and everyday life(《恐怖和日常生活》). *Communication* (《传播》), 10, 367—382.

Craven(克雷文), R. R. (Ed.). (1987). *Symphony orchestras of the world: Selected profiles*(《世界交响乐队概况选》). Westport, CT: Greenwood Press.

Cummings(小卡明斯), M. C., Jr., & Katz(卡茨), R .S. (1989). Relations between government and the arts in Western Europe and North America(《西欧和北美政府与艺术之间的关系》). In M. C. Cummings, Jr., & J. M .D. Schuster (Eds.), *Who's to pay for the arts? The international search for models of arts support*(卡明斯和舒斯特编《谁为艺术付钱? 国际艺术赞助模式调查》) (pp. 5—14). New York: ACA Books, American Council for the Arts.

Curwen(柯温), P. (1986). *The world book industry*(《世界图书工业》). New York: Facts on File.

D' Andrade(德安德雷德), R. (1986). Three scientific world views and the covering law model(《三种科学世界观和背后的法律模式》). In D. W. Fiske & R. A.

Shweder (Eds.), *Metatheory in social science*: *Pluralisms and subjectivities*(菲斯克和施威德编《社会科学原理论:多元主义和主体性》)(pp. 19—41). Chicago: University of Chicago Press.

Davis(戴维斯), L. J. (1990, December 2). Television's real-life cable baron(《电视里来自现实生活的有线电视巨头》). *The New York Times*(《纽约时报》), pp. 16—17, 38, 50, 53.

De Melo(德·梅洛), J. M. (1990). Brazilian television fiction(《巴西电视虚构故事》). In P. Larsen (Ed.), *Import /export*: *International flow of television fiction* (拉森编《进口/出口:电视虚构故事的国际流动》)(pp. 91—94). Paris: UNESCO.

Denisoff(丹尼索夫), R. S. (1975). *Solid gold*: *The popular record industry*(《纯金:流行录制工业》). New Brunswick, NJ: Transaction.

Denzin(丹津), N. (1986). Postmodern social theory(《后现代社会理论》). *Sociological Theory*(《社会学理论》), 4, 194—204.

Denzin(丹津); N. (1990). Reading cultural texts: comment on Griswold(《解读文化文本:论格里斯沃德》). *American Journal of Sociology*(《美国社会学杂志》), 95, 1577—1580.

Devault, M. (1990). Novel readings: The social organization of interpretation(《新的解读方式:阐释的社会组织》). *American Journal of Sociology*(《美国社会学杂志》), 95,887—921.

DiMaggio(迪马吉奥), P. (1977). Market structure, the creative process, and popular culture: Toward an organizational reinterpretation of mass culture(《市场结构、创作过程和流行文化:走向大众文化的组织阐释》). *Journal of Popular Culture* (《流行文化杂志》), 11, 436—452.

DiMaggio(迪马吉奥), P. (1982). Cultural entrepreneurship in nineteenth-century Boston: The creation of an organizational base for high culture in America(《十九世纪波士顿的文化企业家:美国高雅文化组织基础的产生》). *Media*, *Culture*, *and Society*(《媒体,文化和社会》), 4, 33—50.

DiMaggio(迪马吉奥), P. (1987). *Managers of the arts*(《艺术经理人》). Cabin Johns, MD: Seven Locks Press.

DiMaggio(迪马吉奥), P., & Ostrower(奥斯特沃), E. (1990). Participation in the arts by black and white Americans(《美国黑人和白人的艺术参与》). *Social*

Forces(《社会力量》), 68, 753—778.

DiMaggio(迪马吉奥), P., & Stenberg(斯坦伯格), K.(1985). Conformity and diversity in American resident theatres(《美国实践剧院中的一致和多样性》). In J. Balfe & M. J. Wyszomirski (Eds.), *Art, ideology and politics*(鲍尔弗和怀斯左米尔斯基编《艺术、意识形态和政治》)(pp. 116—139). New York: Praeger.

DiMaggio(迪马吉奥), P., & Useem(尤西姆), M.(1978a). Cultural property and public policy: emerging tensions in government support for the arts(《文化资产和公共政策:政府赞助艺术过程中逐渐出现的紧张冲突》). *Social Research*(《社会研究》), 45, 356—388.

DiMaggio(迪马吉奥), P., & Useem(尤西姆), M. (1978b). Social class and arts consumption(《社会阶级和艺术消费》). *Theory and Society*, 4,141—161.

Dominick(多米尼克), J. R (1987). Film economics and film content: 1964—1983 (《电影经济学和电影内容:一九六四——一九八三》). In B. Austin (Ed.), *Current research in film: Audiences, economics, and law*(奥斯丁编(《影片最新调查:观众、经济学和法律》)(Vol.3, pp.136—153). Norwood, NJ: Ablex.

Drier(德莱尔), P. (1982). The position of the press in the U.S. power structure(《新闻在美国权力结构中的地位》). *Social Problems*(《社会问题》), 29, 298—310.

Dupont(杜邦), J.(1991, March 15). French TV moves in on the movies(《法国电视插手电影》). *International Herald Tribune*(《国际先驱论坛报》).

Durant(杜兰), A. (1984). *Conditions of music*(《音乐状况》). Albany: State University of New York.

Earnest(欧内斯特), O. J. (1985). Star Wars: A case study of motion picture marketing(《星球大战:电影销售案例研究》). In B. A. Austin (Ed.), *Current research in film: Audiences, economics, and law*(奥斯丁编(《影片最新调查:观众、经济学和法律》)(Vol. 1, pp. 1—18). Norwood, NJ: Ablex.

Eco(艾柯), U.(19790. *The role of the reader: explorations in the semiotics of texts*(《读者的角色:文本符号学研究》). Bloomington, Indiana University Press.

Emery(埃默里), F. E., & Trist(特里斯特), E. L. (1965). The causal texture of organizational environments(《组织环境的因果特征》). *Human Relations*(《人类关系》), 18, 21—32.

Faulkner(福克纳), R.(1983). Music on demand(《一经要求即满足听众需要的音乐》). New Brunswick, NJ: Transaction.

Faulkner(福克纳), R., & Anderson(安德森), A. B. (1987). Short-term projects and emergent careers: Evidence from Hollywood(《短期规划和突现的职业:来自好莱坞的迹象》). *American Journal of Sociology*(《美国社会学杂志》), 92, 879—909.

Featherstone(费瑟斯通), M.(Ed.). (1990). Global culture [Special issue] (《全球性文化》[专号]). *Theory, Culture and Society*(《理论、文化和社会》), 7.

Feuer(费耶尔), J. (1984). Melodrama, serial form and television today(《情节剧、连续形式和今日电视》). *Screen*(《银幕》), 25, pp. 4—18.

Fine(法因), G., & Kleinman(克兰曼), S. (1979). Rethinking subculture: An interactionist analysis(《重新思考亚文化:一种互动分析》). *American Journal of Sociology*(《美国社会学杂志》), 85,1—20.

Fink(芬克), D. G. (1974). Television("电视"条). *Encyclopedia Britannica*(《大不列颠百科全书》)(15th ed, vol. 18). Chicago: Encyclopedia Britannica.

Fiske(菲斯克), J.(1984) Popularity and ideology: A structuralist reading of Dr. Who (《流行与意识形态:<陌生博士>的一种结构主义解读》). In W. D. Rowlands & B. Watkins (Eds.), *Interpreting television: Current research perspectives*(罗兰兹和沃特金编《阐释电视:最新研究视角》) (pp. 165—198). Beverly Hills, CA: Sage.

Fiske(菲斯克), J.(1987). *Cagney and Lacey*: Reading character structurally and politically(《<卡格尼与拉西>:从结构和政治角度解读人物》). *Communication*(《传播》), 9, 399—426.

Fiske(菲斯克), J. (1989). British cultural studies and television(《英国文化研究和电视》). In R.C. Allen (ED.), *Channels of discourse*(艾伦编《话语渠道》)(pp. 254—2890. London: Routledge.

Fiske(菲斯克), J., & Hartley(哈特利), J. (19780. *Reading television*(《解读电视》). London: Methuen.

FitzGibbon(菲茨吉本), H. (1987). From prints to posters: The production of artistic value in a popular art world(《从印刷品到海报:流行艺术世界中的价值生产》). *Symbolic Interaction*(《象征互动》), 10, 111—128.

France acts to counter influence of U. S. music(《法国做出反应对付美国音乐的影

响》). (1986, September 11). *The New York Times*(《纽约时报》), sect. III, p. 20.

Frank(弗兰克), R. E., & Greenberg(格林堡), M. G. (1980). *The public's use of television*(《公众对电视的使用》). Beverly Hills, CA: Sage.

Franklin(弗兰克林), H.B. (1983). Don't look where we're going: The vision of the future in science-fiction films(《别管我们的去向:科幻影片中未来的幻想场面》). *Science-Fiction Studies*(《科幻小说研究》), 10, 70—80. Frith(弗里思), S.(1981), *Sound effects: Youth, leisure and the politics of rock*(《声音效果:青年、闲适和摇滚乐政治》). New York: Pantheon.

Frith (弗里思), S. (1987). The industrialization of popular music (《流行音乐的工业化》). In J. Lull (Ed.), *Popular music and communication*(勒尔编《流行音乐和传播》)(pp. 53—77). Newbury Park, CA: Sage.

Frith (弗里思), S.(1988). Video pop: Picking up the pieces(《流行音乐录象:零散乐曲的拼凑》). In S. Frith (Ed.), *Facing the music*(弗里思编《面对音乐》) (pp. 88—130). New York: Pantheon.

Gamson(甘森): W.A., & Modigliani(莫迪格利亚尼), A.(1989). Media discourse and public opinion: A constructionist approach(《媒体话语和公共舆论:一种构成主义研究方法》). *American Journal of Sociology*(《美国社会学杂志》), 95, 1—37.

Gans(甘斯), H. (1974). *Popular culture and high culture*《流行文化与高雅文化》. New York: Basic Books.

Gans(甘斯), H. (1985). American popular culture and high culture in a changing class structure(《变化的阶级结构中的美国流行文化和高雅文化》),. In J. H. Balfe & M. J. Wyszomirski (Eds.), *Art, ideology and politics*(鲍尔弗和怀斯左莫斯基编《艺术、意识形态和政治》) (pp.40—57). New York: Praeger.

Gendron(金德罗恩), B.(1987). Theodor Adorno meets the Cadillacs(《西奥多·阿多诺遇见卡迪拉克轿车》). In T. Modleski (Ed.), *Studies in entertainment*(莫德尔斯基编《娱乐研究》)(pp. 18—38). Bloomington: University of Indiana Press.

Gerard(杰拉德), J.(1989, February 13). 3 networks forming trade alliance(《组成贸易同盟的三家网络》). *The New York Times*(《纽约时报》), D11.

Gilmore(吉尔摩), S.(1987). Coordination and convention: The organization of the concert world(《协调与惯例:音乐会世界组织》). *Symbolic Interaction*(《象征互动》), 10 , 209—227.

Gitlin(吉特林), T. (1983). *Inside prime time*(《第一时间之内》). New York: Pantheon.

Glueck(格卢克), G. (1985, November 10). A federal benefactor comes of age(《联邦赞助人成长起来》). *The New York Times*(《纽约时报》), sect. 2, pp. 1, 29.

Glueck(格卢克), G. (1989, May 7). Donations of art fall sharply after changes in the tax code(《税法改变之后艺术捐赠大幅度下跌》). *The New York Times*(《纽约时报》), p. 32.

Goffman(戈夫曼), E. (1959). The presentation of self in everyday life(《日常生活中的自我呈现》). *Garden City, NY: Doubleday Anchor*.

Goldfarb(戈德法布), J. (1976). Theater behind the Iron Curtain(《铁幕之后的戏剧》). *Society*(《社会》), 13, 30—34.

Gomery(戈梅里), D. (1984). Corporate ownership and control in the contemporary U. S. film industry(《当代美国电影业中的公司所有权和控制》). *Screen* (《银幕》), 25, 60—69.

Goody(古迪), K. (1984). Arts funding: Growth and change between 1963 and 1983 (《1963—1983 年艺术基金的增长和变化》). *Annals of the American Academy of Political and Social Sciences*(《美国政治与社会科学学会年鉴》), 471, 144—157.

Graham(格雷厄姆), J. (1989, February 13). New VALS2 takes psychological route (《新 VALS2 选择了心理学道路》). *Advertising Age*(《广告时代》), p. 24.

Grassin(格拉辛), S. (1988, April 15—21). 'Cosby Show' Billy et ses kids(《"考兹比奇观"比利和他的小山羊皮》). *L'Express*(《快报》), pp. 131—132.

Gray(格雷), H. (1986). Television and the new black man: Black male images in prime-time situation comedy(《电视与新黑人男子:第一时间播放的情景喜剧中的黑人男性形象》). *Media, Culture, and Society*(《媒体、文化与社会》), 8, 223—242.

Gray(格雷), H. (1988). *Producing jazz: The experience of an independent record company*(《制作爵士乐:一家独立唱片公司的经历》). Philadelphia: Temple University Press.

Greenberg(格林伯格), B. S. , Mass media in the United States in the 1980s(《二十世

纪八十年代美国的大众媒体》). In E. Rogers & F. Balle (eds), *The media revolution in America and in Western Europe*(罗杰斯和 F.巴勒编《美国和西欧的媒体革命》), (pp. 43—67). Norwood, NJ: Ablex.

Greenberg(格林伯格). B. S. (1985). *Broadcast media and the pop music audience*(《广播媒体与流行音乐受众》). Unpublished master's thesis, Stanford University.

Greenberg(格林伯格), B. S. (1980). *Life on TV: Content analysis of U. S. TV drama*(《电视人生:美国电视剧内容分析》). Norwood, NJ: Ablex.

Greenhouse(格林豪斯), S. (1991, February 17). Playing Disney in Parisian fields (《在巴黎地盘上耍弄迪斯尼》). *The New York Times*(《纽约时报》), sect. 3, p.1.

Griswold(格里斯沃德), W. (1987). The fabrication of meaning: Literary interpretation in the United States, Great Britain, and the West Indies(《意义的制作:美国、英国和西印度群岛的文学阐释》). *American Journal of Sociology*(《美国社会学杂志》), 92, 1077—1117.

Grote(格罗特), D. (1983). *The end of comedy: The sit-com and the comedic tradition*(《喜剧的终结:情景喜剧和喜剧传统》). Hamden, CT: Archor.

Haacke(哈基), H. (1981). Working conditions(《工作状况》). *Artforum*(《艺术论坛》), 19, 56—61

Hall(霍尔), S. (1977). Culture, media, and the ideological effect(《文化、媒体和意识形态后果》). In J. Curran, M. Gurevitch, & J. Woollactott (Eds.), *Mass communication and society*(柯伦、格雷维奇和.伍拉科特编《大众传媒和社会》) (pp. 315—348). London: Edward Arnold.

Hall(霍尔), S. & Jefferson(杰弗逊), T. (Eds). (1976). *Resistance through rituals: Youth cultures in post-war Britain*(《仪式抵抗:战后英国的青年亚文化》). London: Hutchinson.

Henderson(汉德森), L. (1990). *Cinematic competence and directorial persona in film school: A study of socialization and cultural production* (《电影学院中的电影艺术能力和导演面具:社会化和文化生产研究》). Unpublished doctoral dissertation University of Pennsylvania, Philadelphia.

Henry(亨利), P. (1984). Punk and avant-garde art(《朋克与先锋派艺术》). *Journal of Popular Culture*(《流行文化杂志》), 17, 30—36.

Hentoff(亨托夫), N. (1972). Paying dues: Changes in the jazz life(《恪尽职守:爵士乐生活的变化》). In C. Nanry (Ed.), *American music: From Storyville to Woodstock*(南里编《美国音乐:从斯托里维尔到伍德斯托克》)(pp. 99—115). New Brunswick, NJ: Transaction Books.

Hibbard(希巴德), D., & Kaleialoha(克莱阿罗哈), C. (1983). *The role of rock*(《摇滚乐的角色》). Englewood Cliffs, NJ: Prentice Hall.

Hilgartner(希尔加特纳), S., & Bosk(博斯克), C. (1988). The rise and fall of social problems: A public arenas model(《社会问题的兴衰:一个公共场所模型》). *American Journal of Sociology*(《美国社会学杂志》), 94,53—78..

Himmelstein(西梅尔斯坦), J. L., & Zald(扎尔德), M. M. (1984). American conservatism and government funding of the social sciences and the arts(《美国保守主义与政府对社会科学和艺术的资助》). *Sociological Inquiry*(《社会学探索》), 54, 171—187.

Hirsch(赫施), P. M. (1978). Television as a national medium: Its cultural and political role in American society(《作为一种国家媒介的电视在美国社会中的政治和文化角色》). In D. Street (Ed.), *Handbook of urban life*(斯特里特编《都市生活手册》)(pp. 389—427). San Francisco: Jossey-Bass.

Hirsch(赫施), P. M. (1980). Television and consumer aesthetics(《电视和消费者美学》). In E. C. Hirschman & M. B. Holbrook (Eds.), *Symbolic consumer behavior*(赫施曼和.霍尔布鲁克编《象征性消费者行为》) (pp. 76—81). Ann Arbor, MI: Association for Consumer Research.

Holden(霍尔登),. S. (1989, May 21). Pop's angry voices sound the alarm(《流行音乐怒吼仿佛警报长鸣》). *The New York Times*(《纽约时报》), sect. 2, pp. 1, 24.

Hoskins(霍斯金斯), C., & Mirus(米拉斯), R. (1990). Television fiction made in U. S. A(《美国的电视虚构故事》). In P. Larsen (Ed.), *Import/export: International flow of television fiction*(拉森编《进口/出口:电视虚构故事的国际流动》)(pp. 83—90). Paris: UNESCO.

Hough(霍夫), A. (1981). Trials and tribulations—Thirty years of sitcoms(《情景喜剧,风风雨雨三十年》). In R. P. Adler (Ed.), *Understanding television*(阿德勒编《理解电视》)(pp. 201—223). New York: Praeger.

Inside the recording industry: A statistical overview—1986 update(《录制工业深探:一九八六年最新统计概况》). (1986). New York: Recording Industry Association of America, Inc.

Institute of Contemporary Art(当代艺术研究所).(1980). *Urban encounters: A map of public art in Philadelphia, 1959—1979*(《都市接触:一九五九——一九七九年费城的公共艺术状况》).Philadelphia: University of Pennsylvania.

Intintoli(英廷托里), M. J. (1984). Taking soap operas seriously: The world of *Guiding Light*(《认真看待肥皂剧:(《导航灯》)的世界》). New York. Praeger.

Iser(伊瑟尔), W.(1978). The act of reading: A theory of aesthetic response(《阅读行为:一种审美反应理论》). Baltimore: Johns Hopkins University Press.

Jarvie(贾维), I. C. (1979). *Movies as social criticism: Aspects of their social psychology*(《作为社会批评的电影的社会心理面面观》). Metuchen, NJ: Scarecrow Press.

Jensen(詹森), J.(1988). Genre and recalcitrance: Country music's move uptown(《体裁与顽抗:乡村音乐告别城镇闹市区》). *Tracking: Popular Music Studies*(《探索:流行音乐研究》), 1,30—41.

Johnson(约翰逊), R. (1987). What is cultural studies anyway? (《什么是文化研究?》) *Social Text*(《社会文本》), 6, 38—80.

Jowett(乔伊特), G.(1976). *Film: The democratic art*(《电影:一种民主艺术》). Boston: Little, Brown.

Kadushin(卡杜新), C.(1974). *The American intellectual elite*(《美国知识精英》). Boston: Little, Brown.

Kadushin(卡杜新), C. (1976). Networks and circles in the production of culture(《文化生产中的网络和圈子》). In R. A. Peterson (Ed.), *The production of culture*(彼得森编《文化生产》) (pp. 107—122). Beverly Hills, CA: Sage.

Kanellos(卡内罗斯), N.(1980). Chicano theatre: A popular culture battleground(《奇卡诺戏剧:一个流行文化的战场》). *Journal of Popular Culture*(《流行文化杂志》), 13, 541—555.

Kaplan(卡普兰), E. A. (1986). A post-modern play of the signifier? Advertising, pastiche and schizophtrenia(《一个后现代能指游戏? 广告、伪模仿和精神分裂症》). In P. Drumond & R. Paterson (Eds.), *First international television studies conference: Television in transition*(德拉蒙德和佩特森编《第一届国际电视研究会议:处于转折时期的电视》) (pp. 146—163). London: BFI.

Kaplan(卡普兰), E. A. (1987). *Rocking around the clock: Music television, post-*

modernism, and consumer culture(《昼夜摇滚:音乐电视、后现代主义和消费文化》). New York: Methuen.

Kellner(凯尔纳), D. (1982). TV, ideology, and emancipatory popular culture(《电视、意识形态和解放的流行文化》). In H. Newcomb (Ed.), *Television: The critical view*(纽科姆编《电视:批评视野》)(pp. 386—421)New York: Oxford University Press.

Kerbo(科尔勃), H. R,. Marshall(马歇尔), K. & Holley(霍利), p. (1978). Reestablishing 'gemeinschaft': An Examination of the CB radio fad(《重建"礼俗社会":CB电台风尚考察》). *Urban Life*(《都市生活》), 7,337—358.

Kimmelman(金梅雷尔曼), M. (1988, February 19). Philadelphia learns some music (《费城学会了一些音乐》). *International Herald Tribune* (《国际先驱论坛报》), p. 7.

Koepp(克普), S. (1985, March 11). Little labels: Dreaming of musical gold(《小唱片公司:音乐黄金之梦》). *Time*(《时代》), p. 37.

Lachmann(拉赫曼), R. (1988). Graffiti as career and ideology(《作为职业和意识形态的涂鸦之作》). *American Journal of Sociology* (《美国社会学杂志》), 94, 229—250.

Lamont(拉蒙特), M. (1989). The power-culture link in a comparative perspective(《权力—文化联系比较透视》). *Comparative Social Research* (《比较社会研究》), 11, 131—150.

Leiss(莱斯), W., Kline(克兰), S., & Jhally(杰哈利), S. (1986). *Social communication in advertising*(《广告中的社会传播》). New York: Methuen.

Leonard(伦纳德), N. (1962). *Jazz and the white Americans: The acceptance of a new art form* (《爵士乐和美国白人:接受一种新的艺术形式》). Chicago: University of Chicago Press.

Levy(利维), E. (1980). Youth, generations, and artistic change: The American theater(《青年、各代人和艺术变迁:美国戏剧》). *Youth and Society* (《青年与社会》), 12, 142—172.

Lewis(刘易斯), G. (1980). Taste cultures and their composition :Towards a new theoretical perspective(《趣味文化和它们的构成:走向一种新的理论视角》). In E. Katz & T. Szecsko (Eds.), *Mass media and social change*(卡茨和塞斯克编《大众媒体与社会变迁》) (pp. 201—218). Beverly Hills, CA: Sage.

Liebes(利布斯), T. (1988). Cultural differences in the retelling of television fiction (《电视虚构故事重述中的文化差异》). *Critical Studies in Mass Communication*(《大众传播批评研究》), 5, 277—292.

Liebes(利布斯), T. & Katz(卡茨), E. (1988). Dallas and Genesis: Primordiality and seriality in popular culture(《＜达拉斯＞和起源:流行文化中的原始性和连续性》). In J. Carey (Ed), *Media, myths and narratives* (卡雷编《媒体、神话和叙事》)(pp. 113—135). Newbury Park, CA: Sage.

Lipsitz(利普希茨), G. (1984). "Against the wind": The class composition of rock and roll music(《"逆风":摇滚乐的阶级构成》). *Knowledge and Society*(《知识与社会》), 5, 269—296.

Litweiler(利特韦勒), J. (1984). *The freedom principle: Jazz after* 1958(《自由原则:一九五八年后的爵士乐》). New York: W. Morrow.

Long(朗), E. (1985). *The American dream and the popular novel*(《美国梦和流行小说》). Boston: Routledge & Kegan Paul.

Long(朗), E. (1986). Women, reading, and cultural authority: Some implications of the audience perspective in cultural studies(《妇女、解读和文化权威:文化研究中受众视角的一些启示》). *American Quarterly*(《美国季刊》), 38, 591—612.

Lopes(洛普斯), P. D. (1992). Innovation and diversity in the popular music industry, 1969—1990(《一九六九——一九七〇年流行音乐工业中的创新和多样性》), *American Sociological Review*(《美国社会学评论》), 57, 56—71.

Lull(勒尔), J. (1987). Thrashing in the pit: An ethnography of San Francisco punk subculture(《在地狱中破坏文化:旧金山朋克亚文化人种志》). In T. R. Lindlof (Ed.), *Natural audiences: Qualitative research of media uses and effect*(林德洛夫编《自然受众:媒体使用和效果性质分析》) (pp. 225—252). Norwood, NJ: Ablex.

Maltby(莫尔特比), R. (1981). The political economy of Hollywood: The studio system(《好莱坞政治经济:电影制片厂制度》). In P. Davies & B. Neve (Eds.), *Cinema, politics, and society in America*(戴维斯和尼夫编(《美国的电影、政治和社会》). (pp. 42—58). Manchester: Manchester University Press.

Marchand(马钱德), B. (1986). *Advertising and the American dream: Making way for the American dream*(《广告和美国梦:为美国梦让路》). Berkley: University of California Press

Martin(马丁), B., *A Sociology of contemporary cultural change*(《当代文化变迁社会学》). New York: St. Martin's Press.

Martorella(马特雷拉), R. (1977). The relationship between box office and repertoire: A case study of opera(《票房收入和全部曲目之间的关系:歌剧案例研究》). *The Sociological Quarterly*(《社会学季刊》), 18, 354—366.

Martorella(马特雷拉), R. (1982). *The sociology of opera* (《歌剧社会学》). South Hadley, MA: J. F. Bergin.

Martorella(马特雷拉), R. (1990). *Corporate art* (《公司艺术》). New Brunswick, NJ: Rutgers University Press.

Mazur(梅泽尔), A., (1977). Public confidence in science(《公众对科学的信任》). *Social Studies of Science*(《科学的社会研究》), 7, 123—125.

McCall(麦考尔), M. M. (1977). Art without a market: creating artistic value in a provincial art world(《没有市场的艺术:在偏狭的艺术世界中创造艺术价值》). *Symbolic Interaction*(《象征互动》), 1, 32—43.

McDowell(麦克道尔), E. (1986, May 27). Small publishers taking big steps(《小出版社取得了长足进步》). *The New York Times*(《纽约时报》), p. C15.

McDowell(麦克道尔), E. (1988, March 4). Authors, coaching and videos(《作者、指导和录象》). *International Herald Tribune*(《国际先驱论坛报》), p. 20.

McLuhan(麦克卢汉), M. (1964). *Understanding media* (《理解媒体》). New York: McGraw-Hill.

Merelman(梅雷尔曼), R. M. (1984). *Making something of ourselves: Culture and politics in the United States*(《我们的成就:美国的文化和政治》). Berkeley: University of California Press.

Merriam(梅里亚姆), A. P., & Mack(麦克), R. W. (1960). The jazz community《爵士乐社群》). *Social Forces*(《社会力量》), 38, 211—222.

Meyrowitz(梅罗维茨), J. (1985). *No sense of place: the impact of electronic media on social behavior*(《地位感的丧失:电子媒体对社会行为的影响》). New York: Oxford University Press.

Mitchell(米歇尔), A. (1983). *Nine American life styles* (《九种美国生活方式》). New York: Macmillan. Bloomington: Indiana University Press.

Modleski(莫德尔斯基), T. (1982). *Loving with a vengeance: Mass-produced fantasies for women* (《疯狂之爱:为女人批量生产的幻想》). Hamden, CT:

Shoestring Press.

Modleski(莫德尔斯基), T. (1987). The terror of pleasure: the contemporary horror film and postmodern theory(《快感的恐怖:当代恐怖影片和后现代理论》). In T. Modleski (Ed.), *Studies in entertainment*(莫德尔斯基编《娱乐研究》) (pp. 155—166).

Molotch(莫洛奇), H., & Lester(莱斯特), M. (1974). News as purposive behavior: The strategic use of accidents, scandals, and routines(《作为目的性行为的新闻:使用事故、丑闻和惯例的策略》). *American Sociological Review*(《美国社会学评论》), 39, 101—112.

Monaco(莫纳科), J. (1979). *American film now*(《今日美国电影》). New York: New American Library.

Morgado(莫加多), R. J. (1990, November 4). We don't have to like rap music, but we need to listen(《我们不必喜欢但需要听快板歌》). *The New York Times*(《纽约时报》), sect. IV, P. 18.

Mosco(莫斯科), V. (1979). *Broadcasting in the United States: Innovative challenge and organizational control*(《美国广播:创新性挑战和组织控制》). Norwood, NJ: Ablex.

Mueller(米勒), K. (1973). *Twenty-seven major symphony orchestras*(《二十七家重要交响乐团》). Bloomington: Indiana University Press.

Mulcahy(马尔卡希), K. V. (1982). The rationale for public culture(《公共文化的合理性》). In K. V. Mulcahy & C. R. Swaim (Eds.), *Public policy and the arts*(马尔凯和斯威姆编《公共政策和艺术》) (pp. 302—322). Boulder, CO: Westview Press.

Mulcahy(马尔卡希), K. V. (1985). The NEA as public patron of the arts(《作为艺术的公共主顾的NEA》). In J. Balfe & M. J. Wyszomirski (Eds.), *Art, ideology and politics* (鲍尔弗和怀斯左米尔斯基编《艺术、意识形态和政治》)(pp. 315—342). New York: Praeger.

Mulkay(马尔凯), M., & Chaplin(查普林), E. (1982). Aesthetics and the artistic career: A study of anomie in fine art painting(《美学与艺术职业:美术绘画中的失范研究》). *The Sociological Quarterly*(《社会学季刊》), 23, 117—138. Newbury Park, CA: Sage.

Neapolitan(尼坡利坦), J. (1986). Art, craft, and art/ craft segments among craft media workers(《艺术、工艺和媒体工作者行业中的艺术/工艺分层》). *Work and Occupations*(《工作与职业》, 13, 203—216.

Nelson(内尔森), J. (1976). *Your God is alive and well and appearing in popular culture*(《你的上帝活得很好,还在流行文化中露面》). Philadelphia: Westminster Press.

Neuman(纽曼), W. R. (1988). Programming diversity and the future of television: An empty cornucopia? (《节目编排的多样性和电视的未来:一只空空的丰饶角?》) In S. Oskamp (Ed.), *Television as a social issue*(奥斯坎普编《作为一个社会问题的电视》)(pp. 346—349 Newbury Park, CA: Sage.)

Newcomb(纽科姆), H., & Hirsch(赫施), P. (19840. Television as a cultural forum: Implications for research(《作为一个文化论坛的电视:对研究的启示》). In W. D. Rowland, Jr. & B. Watkins (Eds.), *Interpreting television: Current research perspectives* (小罗兰和瓦特金编《阐释电视:当前研究视角》) (pp. 58—73). Beverly Hills, CA: Sage.

Newman(纽曼), C. (1973). The uses and abuses of death: A little ramble through the remnants of literary culture(《死亡的使用和滥用:文学文化残迹漫笔》). *Tri-Quarterly*(《三季刊》), 26,3—41.

Noble(诺布尔), J. K. (1979). Assessing the merger trend(《合并趋势评析》). In J. Appelbaum (Ed.), *The question of size in the book industry trade today*(阿佩尔鲍姆编《今日图书工业行业规模问题》)(pp. 13—20). New York: Bowker.

O'Connor(奥康纳), J.J. (1990, October 28). Soothing bromides? Not on TV(《减少陈词滥调不宜于电视》). *The New York Times*(《纽约时报》), p.C35.

Ohmann(奥曼), R.(1983). The shaping of a canon: U. S. fiction, 1960—1975(《塑造经典:美国小说,一九六〇——一九七五》). *Critical Inquiry*(《批评探索》), 10 ,199—223.

Parks(帕克斯), R. (1982). *The western hero in film and television: Mass media mythology*(《影视中的西部英雄:大众传媒神话》). Ann Arbor, MI: UMI Research Press.

Peterson(彼得森), R. A. (1972). A process model of the folk, pop, and fine art phases of jazz(《从民间音乐、流行音乐到美艺术:爵士乐的经历模式》). In C. Nanry (Ed.), *American music: From Storyville to Woodstock* (南里编《美国音乐:从斯托里维尔到伍德斯托克》)(pp. 135—151). New Brunswick, NJ: Transaction Books.

Peterson(彼得森), R. A.(Ed.), (1976). *The production of culture*(《文化生产》). Beverly Hills, CA: Sage.

Peterson(彼得森), R.A. (1978). The production of cultural change: The case of contemporary country music(《文化变迁的产生:当代乡村音乐案例》). *Social Research* (《社会研究》), 45, 292—314.

Peterson(彼得森), R. A. (1979). Revitalizing the culture concept(《复兴文化概念》). *Annual Review of Sociology*(《社会学评论年刊》), 5, 137—166.

Peterson(彼得森), R. A. (1986). From impresario to arts administrator: Formal accountability in non-profit organizations(《从主办者到艺术管理人:非营利性组织的形式说明》). In P. DiMaggio (Ed.), *Nonprofit enterprise in the arts*(迪马吉奥编(《非营利性艺术企业》) (pp. 161—183). New York: Oxford University Press.

Peterson(彼得森), R. A., & Berer(伯格), D. (1975). Cycles in symbol production: The case of popular music(《象征生产的循环:流行音乐案例》). *American Sociological Review*(《美国社会学评论》), 40, 158—173.

Peterson(彼得森), R. A., & DiMaggio(迪马吉奥), P. (1975). From region to class, the changing locus of country music: A test of the massification hypothesis (《从宗教到阶级,乡村音乐的位置变化:大众化假说考察》). *Social Forces*(《社会力量》), 53, 497—506.

Phillips(菲利普斯), J. D. (19820. Film conglomerate blockbusters: international appeal and product homogenization(《电影联合大企业耗巨资拍摄的大片:国际影响力和产品类同化》). In G. Kindem (Ed.), *The American movie industry*(金德姆编《美国电影工业》) (pp. 325—335). Carbondale: Southern Illinois University Press.

Pleasants(普莱曾茨), H. (1969). Serious music—And all that jazz(《严肃音乐——爵士音乐》). New York: Simon & Schuster.

Poggioli(波基奥里), R. (1971). *The theory of the avant-garde* (《先锋派理论》). New York: Harper & Row.

Powell(鲍威尔), W. (1982). From craft to corporation: The impact of outside ownership on book publishing(《从行会到公司:外界所有权对图书出版业的影响》). In J. S. Ettema & D. C. Whitney (Eds.), *Individuals in mass media organi-*

zations(埃特马和惠特尼编《大众媒体组织中的个体》)(pp. 33—52). Beverly Hills, CA: Sage.

Powell(鲍威尔), W., & Friedkin(弗里德金), R. J. (1983). Political and organizational influences on public television programming(《政治和组织对公共电视节目编排的影响》). In E. Wartella & D. C. Whitney (eds.), *Mass communication review yearbook*(瓦特拉和惠特尼编《大众传播评论年鉴》), vol. 4 (pp. 413—438). Bevery Hills, CA: Sage.

Pryluck(普里拉克), C. (1986). Industrialization of entertainment in the United States (《美国娱乐的工业化》). In B. A. Austin (Ed.), *Current research in film: Audiences, economics, and law* (奥斯丁编《当前电影研究:观众、经济学和法律》)(Vol. 2, pp., 117—135). Norwood, NJ: Ablex.

Radway(拉德威), J. (1984). *Reading the romance: Women, patriarchy, and popular culture*(《解读浪漫小说:妇女、父权制和流行文化》). Chapel Hill: University of North Carolina Press.

Reed(里德), H. A. (1979). The black bar in the making of a jazz musician: Bird, Mingus, and Stan Hope(《在爵士音乐家成长过程中的黑人酒吧:播德、明戈斯和斯坦·霍普》). *Journal of Jazz Studies*(《爵士乐研究杂志》), 5, 76—90.

Riding(赖丁), A. (1991, March 19). French TV seeks a slice of the Hollywood pie (《法国电视想弄一张好莱坞馅饼》). *The New York Times*(《纽约时报》), p. C11.

Robinson(罗宾逊), J. (1990). I love my TV(《我爱我的电视节目》). *American Demographics*(《美国的人口统计数据》), 12, 24—27.

Robinson(罗宾逊), J. P., Keegan(基甘), C. A., Hanford(汉福德), T., & Triplett (特里普莱特), T. A. (1985). *Public participation in the arts: Final report on the* 1982 *survey*(《艺术的公众参与:一九八二年概况总结报告》). Report to the national Endowment for the Arts, Research Division, College Park, MD.

Robinson(罗宾逊), M. J., & Olszewski(奥尔斯休斯基), R., (1980). Books in the marketplace of ideas(《思想市场上的图书》). *Journal of Communication*(《传播杂志》), 30, 81—86.

Rockwell(洛克韦尔), J. (1983). *All American music: Composition in the late twentieth century*(《二十世纪末期创作的美国音乐》). New York: Knopf.

Rohter(罗特), L. (1991, March 31). Hollywood looks to Oscar for clues(《好莱坞指

望奥斯卡提供线索》). *The New York Times*(《纽约时报》), IV, p.7.

Rose(罗斯), S. J. (1986). *The American profile poster*(《美国形象广告画》). New York: Pantheon.

Rose(罗斯), T. (1991, March 18). French is producing more and bigger pics(《法国正在制作更多的和场面更加宏大的影片》). *Variety*(《剧艺》). p.42.

Rosenberg(罗森伯格),B. & White(怀特), D. M. (Eds). (1957). *Mass culture: The popular arts in America*(《大众文化:美国的流行艺术》). New York: The Free Press of Glencoe.

Rothenbuhler(罗森布勒), E. W. (1987). Commercial radio and popular music. Processes of selection and factors of influence(《商业电台和流行音乐:选择的过程和影响因素》). In J. Lull (Ed.), *Popular music and communication*(勒尔编《流行音乐与传播》) (pp. 78—96). Newbury Park, CA: Sage.

Rothenbuhler(罗森布勒), E. W., & Dimmick(迪米克), J. W. (1982). Popular music(《流行音乐》). *Journal of Communication*(《传播杂志》), 32, 143—149.

Ryan(瑞安), J., & Peterson(彼得森), R. A. (1982). The product image: The fate of creativity in country music songwriting(《产品形象:创造性在乡村音乐谱写过程中的命运》). In J. S. Ettema & D. C. Whitney (Eds.), *Individuals in mass media organizations: Creativity and constraint* (埃特马和惠特尼编《大众媒体组织中的个体:创造性和限制》)(pp. 11—32). Beverly Hills, CA: Sage.

Sanger(桑格), D. E. (1989, September 29). Columbia's place in Sony's new strategy (《哥伦比亚在索尼新战略中的位置》). *International Herald Tribune*(《国际先驱论坛报》), p. 17.

Savage(萨维奇), J. D. (1989). Populism, decentralization, and arts policy in California: The Jerry Brown years and afterward(《加利福尼亚州的平民主义、权力分散和艺术政策:杰里·布朗的时代及其后》). *Administration and Society*(《管理与社会》), 20, 446—464.

Schiffman(希夫曼), L. G., & Schnaars(施纳尔斯), S. P. (1980). The consumption of historical romance novels: Consumer aesthetics in popular literature(《浪漫历史小说的消费:流行文学的消费美学》). In E. C. Hirschman & M. B. Holbrook (Eds.), *Symbolic consumer behavior*(赫施曼和霍尔布鲁克编《象征性消费者行为》) (pp. 46—51). Ann Arbor, MI: Association for Consumer Research.

Schmuckler(施穆克勒), E., & Dean(小迪恩), S. W., Jr. (1984, November 14). The Cable TV law hurts the public(《有线电视法伤害了公众》). *The New York Times*(《纽约时报》), A35.

Schudson(舒德森), M. (1984). *The uneasy persuasion*(《令人不安的信仰》). New York: Basic Books.

Schuster(舒斯特), J. M. D. (1989a). Government leverage of private support: Matching grants and the problem of new money(《政府对私人赞助的影响:相称的捐赠与新货币问题》). In M. J. Wyszomirski & P. Clubb (Eds.), *The cost of culture: Patterns and prospects of private arts patronage*(怀斯左莫斯基和克拉布编《文化的代价:私人艺术赞助的模式和前景》) (pp. 63—97). New York: American Council for the Arts Books.

Schuster(舒斯特), J. M. D. (1989b). The search for international models: Results from recent comparative research in arts policy(《国际模式调查:艺术政策比较研究的结果》). In M. C. Cummings, Jr., & J. M. D. Schuster (Eds.), *Who's to pay for the arts? The international search for models of arts support*(卡明斯和舒斯特编《谁为艺术付钱? 国际艺术赞助模式调查》)(pp. 15—42). New York: American Council for the Arts Books.

Seiter(塞特尔), E. (1982). Eco's TV guide—The soaps(《艾柯的电视指南——肥皂剧》). *Tabloid*(《通俗小报》), (5), 4.

765 parades: Too much cost, too little honor(《得不偿失的七百六十五场游行》). (1991, June 7). *The New York Times*(《纽约时报》), p. 34.

Shore(肖尔), L. K. (1983). *The crossroads of business and music: A study of the music industry in the United States and internationally*(《商业与音乐的交叉:美国和国际音乐工业研究》). Ann Arbor, MI: University Microfilms International.

Simpson(辛普森), C. (1979). *The dealer and his art: The merchandising of a contemporary aesthetic*(《商人及其艺术:当代审美的商品化》). Paper presented at the Meeting of the American Sociological association, New York.

Simpson(辛普森), C. (1981). *SoHo: The artist in the city*(《索霍:城市中的艺术家》). Chicageo: University of Chicago Press.

Slack(斯莱克), J., & Alor(阿勒), M. (1983). The political and epistemological constituents of critical communication(《批评性传播的政治和认识论构成》).

Journal of Communication(《传播杂志》), 33, 208—218.

A small price for art(《花较小代价参与艺术》). (1990, October 19). *The New York Times*(《纽约时报》), p. L34.

Snow(斯诺), R. P. (1983). *Creating media culture*(《创造媒体文化》). Beverly Hills, CA: Sage.

Sontag(桑塔格), S. (1969). *Against interpretation and other essays*(《反阐释及其他论文》). New York: Dell.

Stacey(斯特希), J. (1985, December 4). Turning on our TV habit(《养成看电视的习惯》). *USA Today*(《今日美国报》).

Stebbins(斯特宾斯), R. A. (1972). A theory of the jazz community(《爵士乐社群理论》). In C. Nanry (Ed.), *American music: from Storyville to Woodstock*(南里编《美国音乐:从斯托里维尔到伍德斯托克》)(pp. 115—134). New Brunswick, NJ: Transaction Books.

Stevenson(史蒂文森), R. W. (1989, April 16). Hollywood takes to the global stage(《好莱坞登上全球舞台》). *The New York Times*(《纽约时报》), *sect*. 3, *pp*. 1,8.

Stevenson(史蒂文森), *R*. *W*. (1991, *April* 14). *Taming Hollywood's spending monster*(《制服好莱坞诞生的魔鬼》). *The New York Times*(《纽约时报》), sect 3, pp. 1,6.

Streeter(斯特里特), T (1984). An alternative approach to television research: Developments in British cultural studies at Birmingham(《电视研究的另一种方法:伯明翰大学英国文化研究的发展》). In W. D. Rowlands & B. Watkins (Eds.), *Interpreting Television*(罗兰和瓦特金编《阐释电视》)(pp. 74—97). Beverly Hills, CA: Sage.

Swidler(斯威德勒), A., Rapp(拉普), M., & Soysal(索伊萨尔), Y. (1986). Format and formula in prime-time television(《第一时间电视节目的制式和惯例》). In S. J. Ball-Rokeach & M. G. Cantor (Eds.), *Media, audience, and social structure*(保尔—罗基奇和坎特尔编《媒体、受众和社会结构》)(pp. 324—337). Newbury Park, CA: Sage.

Taylor(泰勒), E. (1989). *Prime-time families: Television in postwar America*(《第一时间的家庭:战后美国的电视》). Berkely: University of California.

Thurston(瑟斯顿), C. (1987). *The romance revolution: Erotic novels for women and the quest for a new sexual identity*(《言情小说革命:妇女阅读的艳情小说和寻求新的性身份》). Urbana, IL: University of Illinois.

Tuchman(塔希曼), G. (1988). Mass media institutions(《大众传媒机构》). In N. Smelser (Ed.), *Handbook of sociology*(斯梅尔策编《社会学手册》) (pp. 601—626). Newbury Park, CA: Sage.

Tyler(泰勒), P. (1972). *The shadow of an airplane climbs the Empire State Building: A world theory of film* (《帝国大厦上空的飞机阴影:世界电影理论》). Garden City, NY: Doubleday.

U.S. Bureau of the Census(美国人口调查局). (1975). *Historical statistics of the United States, Colonial times to* 1970(《从殖民时代到一九七〇年的美国历史统计资料》)(Bicentennial ed.). Washington, D.C.: Government Printing Office.

U.S. Bureau of the Census(美国人口调查局). (1984). Household wealth and asset ownership(《家庭财产和资产所有权》). *Current Population Reports*(《当前人口情况报告》) (Ser. P-70, No. 7).

U.S. Bureau of the Census(美国人口调查局). (1985). *Statistical abstract of the United States*: 1986(《美国统计概要:一九八六年》) (106th ed). Washington, DC: Government Printing Office.

U.S. Bureau of the Census(美国人口调查局). (1990). *Statistical abstract of the United States*: 1990(《美国统计概要:一九九〇年》) (110th ed.). Washington, DC: Government Printing Office.

Useem(尤西姆), M. (1989). Corporate support for culture and the arts(《公司对文化和艺术的赞助》). In M. J. Wyszomirski & P. Clubb (Eds.), *The cost of culture: Patterns and prospects of private arts patronage*(怀斯左米尔斯基和克拉布编《文化的代价:私人艺术赞助的模式和前景》) (pp. 45—62). New York: American Council for the Arts Books.

Varis(瓦里斯), T. (1985). *International flow of television programmes*(《电视节目的国际流动》). Paris: UNESCO.

Vidmar(威德马尔), N., & Rokeach(罗基奇), M. (1979). Archie Bunker's bigotry: Perception and exposure(《阿尔奇·邦克的固执:有选择的认识和揭露研究》). In R. P. Adler (Ed.), *All in the Family: A critical appraisal*(阿德勒编《<都是一家人>评论集》)(pp. 123—138). New York: Praeger Special Studies.

Wachtel(瓦赫泰尔), D. (1987). *Cultural policy and Socialist France*(《文化政策与

社会主义法国》). Westport, CT: Greenwood Press.

Wakshlag(瓦克什拉格), J. & Adams(亚当斯), W. J. (1985). Trends in progam variety and prime time access rules(《节目多样性趋势和第一时间播放规则》). *Journal of Broadcasting and Electronic Media* (《广播与电子媒体杂志》), 29, 23—34.

Wallis(瓦里斯), R. & Malm(马尔姆), K. (1984). *Big sounds from small peoples: The music industry in small countries*(《来自小民族的巨响:一些小国家的音乐工业》). New York : Pendragon Press.

Walker(沃尔克),J. A. (1982). *Art in the age of mass media* (《大众传媒时代的艺术》). London: Pluto Press.

Walsh(沃尔什), M. (1988, January 11). Let's do the time warp again(《让我们再次体验时间异常》). *Time*(《时代》), p. 52.

Weiss(魏斯), M. (1989). *The clustering of America* (《生活方式多样的美国》). New York: Harper & Row.

White(怀特), M. (1989). Ideological analysis of television(《电视意识形态分析》). In R. C. Allen (Ed.), *Channels of discourse* (《话语渠道》)(pp. 134—171). London: Routledge.

Whitt(惠特), J. A. (1987). Mozart in the metropolis: The arts coalition and the urban growth machine(《大都会里的莫扎特:艺术同盟与都市发展机器》), *Urban Affairs Quarterly*(《都市事物季刊》), 23, 15—36.

Whitt(惠特), J. A., & Share(沙尔), A. J. (1988). The performing arts as an urban development strategy: Transforming the central city(《作为一种都市发展策略的表演艺术:改造中心城市》). *Research in Politics and Society* (《政治与社会研究》), 3,155—177.

Williamson(威廉森), J. (1978). *Decoding advertisements: Ideology and meaning in advertising* (《解码广告:广告活动中的意识形态和意义》). London: Boyars.

Winick(威尼克), C. (Ed.). (1979). *Deviance and the mass media* (《偏常和大众媒体》). Beverly Hills, CA: Sage.

World Almanac and Book of Facts(《世界年鉴与实录》). (1989). New York: Pharos Books.

World Almanac and Book of Facts(《世界年鉴与实录》). (1991). New York: Pharos Books.

Wren-Lewis(雷恩—刘易斯), J. (1983). The encoding/decoding model: Criticisms and redevelopments for research on decoding(《解码/编码模式:解码研究的批评和再发展》). *Media*, *Culture and Society*(《媒体、文化和社会》), 5, 179—197.

Wright(赖特), E., Costello(科斯特罗), C., Hachen(哈奇恩), D., & Sprague(斯普拉格), J. (1982). The American class structure(《美国的阶级结构》). *American Sociological Review*(《美国社会学评论》), 47, 709—726.

Wright(赖特), W. (1975). *Sixguns and society*: *A structural of the western*(《六响枪与社会:西部片的结构研究》). Berkeley: University of California Press.

Wyszomirski(怀斯左米尔斯基), M. J. (1989). Sources of private support for the arts: An overview(《私人艺术赞助的来源概述》). In M. J. Wyszomirski & P, Clubb (Eds.), *The cost of culture*: *Patterns and prospects of private arts patronage*(怀斯左莫斯基和克拉布编《文化的代价:私人艺术赞助的模式和前景》)(pp. 1—8). New York: American Council for the Arts Books.

Zukin(楚金), S. (1982). *Loft living*: *Culture and capital in urban change*(《阁楼上的生活:都市变迁中的文化和资本》). Baltimore, MD: Johns Hopkins University Press.

Zwerwin(兹沃温), M. (1988, June 7). Branford Marsalis: Of pride and prejudice, Sting and jazz(《布兰福德·马萨利斯:论傲慢与偏见、刺激性与爵士乐》). *International Herald Tribune*(《国际先驱论坛报》).

人文与社会译丛

第一批书目

1.《政治自由主义》(增订版),[美]J. 罗尔斯著,万俊人译 118.00 元
2.《文化的解释》,[美]C. 格尔茨著,韩莉译 89.00 元
3.《技术与时间:1. 爱比米修斯的过失》,[法]B. 斯蒂格勒著,裴程译 62.00 元
4.《依附性积累与不发达》,[德]A. G. 弗兰克著,高铦等译 13.60 元
5.《身处欧美的波兰农民》,[美]F. 兹纳涅茨基、W. I. 托马斯著,张友云译 9.20 元
6.《现代性的后果》,[英]A. 吉登斯著,田禾译 45.00 元
7.《消费文化与后现代主义》,[英]M. 费瑟斯通著,刘精明译 14.20 元
8.《英国工人阶级的形成》(上、下册),[英]E. P. 汤普森著,钱乘旦等译 168.00 元
9.《知识人的社会角色》,[美]F. 兹纳涅茨基著,郏斌祥译 26.00 元

第二批书目

10.《文化生产:媒体与都市艺术》,[美]D. 克兰著,赵国新译 49.00 元
11.《现代社会中的法律》,[美]R. M. 昂格尔著,吴玉章等译 39.00 元
12.《后形而上学思想》,[德]J. 哈贝马斯著,曹卫东等译 58.00 元
13.《自由主义与正义的局限》,[美]M. 桑德尔著,万俊人等译 30.00 元

14.《临床医学的诞生》,[法]M. 福柯著,刘北成译　55.00元
15.《农民的道义经济学》,[美]J. C. 斯科特著,程立显等译　42.00元
16.《俄国思想家》,[英]I. 伯林著,彭淮栋译　35.00元
17.《自我的根源:现代认同的形成》,[加]C. 泰勒著,韩震等译　128.00元
18.《霍布斯的政治哲学》,[美]L. 施特劳斯著,申彤译　49.00元
19.《现代性与大屠杀》,[英]Z. 鲍曼著,杨渝东等译　59.00元

第三批书目

20.《新功能主义及其后》,[美]J. C. 亚历山大著,彭牧等译　15.80元
21.《自由史论》,[英]J. 阿克顿著,胡传胜等译　89.00元
22.《伯林谈话录》,[伊朗]R. 贾汉贝格鲁等著,杨祯钦译　23.00元
23.《阶级斗争》,[法]R. 阿隆著,周以光译　13.50元
24.《正义诸领域:为多元主义与平等一辩》,[美]M. 沃尔泽著,褚松燕等译　24.80元
25.《大萧条的孩子们》,[美]G. H. 埃尔德著,田禾等译　27.30元
26.《黑格尔》,[加]C. 泰勒著,张国清等译　135.00元
27.《反潮流》,[英]I. 伯林著,冯克利译　48.00元
28.《统治阶级》,[意]G. 莫斯卡著,贾鹤鹏译　98.00元
29.《现代性的哲学话语》,[德]J. 哈贝马斯著,曹卫东等译　78.00元

第四批书目

30.《自由论》(修订版),[英]I. 伯林著,胡传胜译　69.00元
31.《保守主义》,[德]K. 曼海姆著,李朝晖、牟建君译　16.00元
32.《科学的反革命》(修订版),[英]F. 哈耶克著,冯克利译　58.00元

33.《实践感》,[法]P. 布迪厄著,蒋梓骅译 75.00 元
34.《风险社会》,[德]U. 贝克著,何博闻译 17.70 元
35.《社会行动的结构》,[美]T. 帕森斯著,彭刚等译 80.00 元
36.《个体的社会》,[德]N. 埃利亚斯著,翟三江、陆兴华译 15.30 元
37.《传统的发明》,[英]E. 霍布斯鲍姆等著,顾杭、庞冠群译 21.20 元
38.《关于马基雅维里的思考》,[美]L. 施特劳斯著,申彤译 78.00 元
39.《追寻美德》,[美]A. 麦金太尔著,宋继杰译 68.00 元

第五批书目

40.《现实感》,[英]I. 伯林著,潘荣荣、林茂译 30.00 元
41.《启蒙的时代》,[英]I. 伯林著,孙尚扬、杨深译 35.00 元
42.《元史学》,[美]H. 怀特著,陈新译 89.00 元
43.《意识形态与现代文化》,[英]J. B. 汤普森著,高铦等译 68.00 元
44.《美国大城市的死与生》,[加]J. 雅各布斯著,金衡山译 29.50 元
45.《社会理论和社会结构》,[美]R. K. 默顿著,唐少杰等译 128.00 元
46.《黑皮肤,白面具》,[法]F. 法农著,万冰译 14.00 元
47.《德国的历史观》,[美]G. 伊格尔斯著,彭刚、顾杭译 58.00 元
48.《全世界受苦的人》,[法]F. 法农著,万冰译 17.80 元
49.《知识分子的鸦片》,[法]R. 阿隆著,吕一民、顾杭译 45.00 元

第六批书目

50.《驯化君主》,[美]H. C. 曼斯菲尔德著,冯克利译 68.00 元
51.《黑格尔导读》,[法]A. 科耶夫著,姜志辉译 45.00 元
52.《象征交换与死亡》,[法]J. 波德里亚著,车槿山译 68.00 元
53.《自由及其背叛》,[英]I. 伯林著,赵国新译 48.00 元

54.《启蒙的三个批评者》,[英]I. 伯林著,马寅卯、郑想译 48.00 元
55.《运动中的力量》,[美]S. 塔罗著,吴庆宏译 23.50 元
56.《斗争的动力》,[美]D. 麦克亚当、S. 塔罗、C. 蒂利著,李义中等译 31.50 元
57.《善的脆弱性》,[美]M. 纳斯鲍姆著,徐向东、陆萌译 55.00 元
58.《弱者的武器》,[美]J. C. 斯科特著,郑广怀等译 82.00 元
59.《图绘》,[美]S. 弗里德曼著,陈丽译 49.00 元

第七批书目

60.《现代悲剧》,[英]R. 威廉斯著,丁尔苏译 45.00 元
61.《论革命》,[美]H. 阿伦特著,陈周旺译 59.00 元
62.《美国精神的封闭》,[美]A. 布卢姆著,战旭英译,冯克利校 68.00 元
63.《浪漫主义的根源》,[英]I. 伯林著,吕梁等译 28.00 元
64.《扭曲的人性之材》,[英]I. 伯林著,岳秀坤译 22.00 元
65.《民族主义思想与殖民地世界》,[美]P. 查特吉著,范慕尤、杨曦译 18.00 元
66.《现代性社会学》,[法]D. 马尔图切利著,姜志辉译 32.00 元
67.《社会政治理论的重构》,[美]R. J. 伯恩斯坦著,黄瑞祺译 25.00 元
68.《以色列与启示》,[美]E. 沃格林著,霍伟岸、叶颖译 128.00 元
69.《城邦的世界》,[美]E. 沃格林著,陈周旺译 85.00 元
70.《历史主义的兴起》,[德]F. 梅尼克著,陆月宏译 48.00 元

第八批书目

71.《环境与历史》,[英]W. 贝纳特、P. 科茨著,包茂红译 25.00 元
72.《人类与自然世界》,[英]K. 托马斯著,宋丽丽译 35.00 元

73.《卢梭问题》,[德]E. 卡西勒著,王春华译 15.00 元
74.《男性气概》,[美]H. C. 曼斯菲尔德著,刘玮译 28.00 元
75.《战争与和平的权利》,[美]R. 塔克著,罗炯等译 25.00 元
76.《谁统治美国》,[美]W. 多姆霍夫著,吕鹏、闻翔译 35.00 元
77.《健康与社会》,[法]M. 德吕勒著,王鲲译 35.00 元
78.《读柏拉图》,[德]T. A. 斯勒扎克著,程炜译 28.00 元
79.《苏联的心灵》,[英]I. 伯林著,潘永强、刘北成译 59.00 元
80.《个人印象》,[英]I. 伯林著,林振义、王洁译 35.00 元

第九批书目

81.《技术与时间:2. 迷失方向》,[法]B. 斯蒂格勒著,赵和平、印螺译 59.00 元
82.《抗争政治》,[美]C. 蒂利、S. 塔罗著,李义中译 28.00 元
83.《亚当·斯密的政治学》,[英]D. 温奇著,褚平译 21.00 元
84.《怀旧的未来》,[美]S. 博伊姆著,杨德友译 85.00 元
85.《妇女在经济发展中的角色》,[丹]E. 博斯拉普著,陈慧平译 30.00 元
86.《风景与认同》,[美]W. J. 达比著,张箭飞、赵红英译 68.00 元
87.《过去与未来之间》,[美]H. 阿伦特著,王寅丽、张立立译 58.00 元
88.《大西洋的跨越》,[美]D. T. 罗杰斯著,吴万伟译 108.00 元
89.《资本主义的新精神》,[法]L. 博尔坦斯基、E. 希亚佩洛著,高铦译 58.00 元
90.《比较的幽灵》,[美]B. 安德森著,甘会斌译 79.00 元

第十批书目

91.《灾异手记》,[美]E. 科尔伯特著,何恬译 25.00 元

92.《技术与时间:3. 电影的时间与存在之痛的问题》,
[法]B. 斯蒂格勒著,方尔平译 65.00 元
93.《马克思主义与历史学》,[英]S. H. 里格比著,吴英译 78.00 元
94.《学做工》,[英]P. 威利斯著,秘舒、凌旻华译 68.00 元
95.《哲学与治术:1572—1651》,[美]R. 塔克著,韩潮译 45.00 元
96.《认同伦理学》,[美]K. A. 阿皮亚著,张容南译 45.00 元
97.《风景与记忆》,[英]S. 沙玛著,胡淑陈、冯樨译 78.00 元
98.《马基雅维里时刻》,[英]J. G. A. 波考克著,冯克利、傅乾译 108.00 元
99.《未完的对话》,[英]I. 伯林、[波]B. P. -塞古尔斯卡著,
杨德友译 65.00 元
100.《后殖民理性批判》,[印]G. C. 斯皮瓦克著,严蓓雯译 79.00 元

第十一批书目

101.《现代社会想象》,[加]C. 泰勒著,林曼红译 45.00 元
102.《柏拉图与亚里士多德》,[美]E. 沃格林著,刘曙辉译 78.00 元
103.《论个体主义》,[法]L. 迪蒙著,桂裕芳译 30.00 元
104.《根本恶》,[美]R. J. 伯恩斯坦著,王钦、朱康译 78.00 元
105.《这受难的国度》,[美]D. G. 福斯特著,孙宏哲、张聚国译 39.00 元
106.《公民的激情》,[美]S. 克劳斯著,谭安奎译 49.00 元
107.《美国生活中的同化》,[美]M. M. 戈登著,马戎译 58.00 元
108.《风景与权力》,[美]W. J. T. 米切尔著,杨丽、万信琼译 78.00 元
109.《第二人称观点》,[美]S. 达沃尔著,章晟译 69.00 元
110.《性的起源》,[英] F. 达伯霍瓦拉著,杨朗译 85.00 元

第十二批书目

111.《希腊民主的问题》,[法]J. 罗米伊著,高煜译　48.00 元
112.《论人权》,[英]J. 格里芬著,徐向东、刘明译　75.00 元
113.《柏拉图的伦理学》,[英]T. 厄温著,陈玮、刘玮译(即出)
114.《自由主义与荣誉》,[美]S. 克劳斯著,林垚译　62.00 元
115.《法国大革命的文化起源》,[法]R. 夏蒂埃著,洪庆明译　38.00 元
116.《对知识的恐惧》,[美]P. 博格西昂著,刘鹏博译　38.00 元
117.《修辞术的诞生》,[英]R. 沃迪著,何博超译　48.00 元
118.《历史表现中的真理、意义和指称》,[荷]F. 安克斯密特著,周建漳译　58.00 元
119.《天下时代》,[美]E. 沃格林著,叶颖译　78.00 元
120.《求索秩序》,[美]E. 沃格林著,徐志跃译　48.00 元

第十三批书目

121.《美德伦理学》,[新西兰]R. 赫斯特豪斯著,李义天译　55.00 元
122.《同情的启蒙》,[美]M. 弗雷泽著,胡靖译　48.00 元
123.《图绘暹罗》,[美]T. 威尼差恭著,袁剑译　58.00 元
124.《道德的演化》,[新西兰]R. 乔伊斯著,刘鹏博、黄素珍译 65.00 元
125.《大屠杀与集体记忆》,[美]P. 诺维克著,王志华译　78.00 元
126.《帝国之眼》,[美]M. L. 普拉特著,方杰、方宸译　68.00 元
127.《帝国之河》,[美]D. 沃斯特著,侯深译　76.00 元
128.《从道德到美德》,[美]M. 斯洛特著,周亮译　58.00 元
129.《源自动机的道德》,[美]M. 斯洛特著,韩辰锴译　58.00 元
130.《种族与文化少数群体》,[美]G. E. 辛普森、[美]J. M. 英格尔著,马戎、王凡妹译(即出)

第十四批书目

131.《城邦与灵魂:费拉里〈理想国〉论集》,[美]G. R. F. 费拉里著,刘玮编译 58.00 元
132.《人民主权与德国宪法危机》,[美]P. C. 考威尔著,曹晗蓉、虞维华译 58.00 元
133.《16 和 17 世纪英格兰大众信仰研究》,[英]K. 托马斯著,芮传明、梅剑华译 168.00 元
134.《民族认同》,[英]A. D. 史密斯著,王娟译 55.00 元
135.《世俗主义之乐:我们当下如何生活》,[英]G. 莱文编,赵元译 58.00 元
136.《国王或人民》,[美]R. 本迪克斯著,褚平译(即出)
137.《哲学解释》,[美]R. 诺齐克著,林南、乐小军译(即出)
138.《自由与多元论:以赛亚·伯林思想研究》,[英]G. 克劳德著,应奇等译 58.00 元
139.《暴力:思无所限》,[美]R. J. 伯恩斯坦著,李元来译 59.00 元
140.《中心与边缘:宏观社会学论集》,[美]E. 希尔斯著,甘会斌、余昕译 88.00 元

有关“人文与社会译丛”及本社其他资讯,欢迎点击 www. yilin. com 浏览,对本丛书的意见和建议请反馈至新浪微博@译林人文社科。